高等职业教育电子商务专业系列教材

视觉营销设计

主　编：陈森玲　吴　浩

副主编：陈晓燕　谢涛洪　金　婉

参　编：吴燕真

重庆大学出版社

内容简介

本书围绕懂原理、善设计、能创新的视觉营销设计要求，立足职业教育和岗位能力需求，提炼出视觉营销设计认知、视觉营销设计技能、网店首页视觉营销设计、商品视觉营销设计、新媒体视觉营销设计以及跨境电商视觉营销设计等6个项目31个职场任务，坚持以价值引领导向，围绕知识目标、技能目标、素质目标三位一体，引导读者树立正确的职业价值观，培养美学意识、工匠精神、创新思维，为读者的可持续发展打下基础。

本书内容新颖、图文并茂，适合职业教育电子商务类专业学生和电商美工设计初学者使用，可作为培训学校、高职院校的教学参考书和上机实践指导书，也非常适合喜爱电商美工设计的读者作为参考书。

图书在版编目（CIP）数据

视觉营销设计 / 陈森玲，吴浩主编. -- 重庆：重庆大学出版社，2024.2

ISBN 978-7-5689-4409-0

Ⅰ.①视… Ⅱ.①陈… ②吴… Ⅲ.①网络营销—职业教育—教材 Ⅳ.①F713.365.2

中国国家版本馆CIP数据核字（2024）第039086号

视觉营销设计
SHIJUE YINGXIAO SHEJI

主　编　陈森玲　吴　浩

副主编　陈晓燕　谢涛洪　金　婉

策划编辑：尚东亮

责任编辑：尚东亮　　　版式设计：尚东亮

责任校对：关德强　　　责任印制：张　策

*

重庆大学出版社出版发行

出版人：陈晓阳

社址：重庆市沙坪坝区大学城西路21号

邮编：401331

电话：（023）88617190　88617185（中小学）

传真：（023）88617186　88617166

网址：http://www.cqup.com.cn

邮箱：fxk@cqup.com.cn（营销中心）

全国新华书店经销

重庆升光电力印务有限公司印刷

*

开本：787mm×1092mm　1/16　印张：16.25　字数：329千

2024年2月第1版　2024年2月第1次印刷

印数：1—2 000

ISBN 978-7-5689-4409-0　定价：68.00元

　　"视觉是手段，营销是目的。"视觉营销设计是当今商业世界中不可或缺的一部分，它通过运用创意和设计技巧，以视觉形式传达品牌价值、吸引消费者，并激发他们对产品或服务的兴趣和购买欲望。在5G飞速发展的电子商务时代，现代商业的视觉营销设计已经从传统的网店美工延伸到公众号和直播间等多种新媒体平台。因此，如何通过视觉手段脱颖而出，成为各行各业企业成功的关键因素之一。

　　本书旨在帮助读者深入了解视觉营销设计的核心理念和实践技巧，通过一系列提升专业技能的实操和案例，帮助读者系统认知电商视觉设计，具有色彩搭配、视觉创意的综合审美能力，能运用主流设计软件，结合不同营销主题实现页面设计及排版的能力，培养美学意识、工匠精神、创新思维，为读者的可持续发展打下基础。

　　本书分为6个部分，分别涵盖了视觉设计认知、视觉设计技能、网店首页设计、商品视觉设计、新媒体视觉设计以及跨境电商视觉设计。每个部分都以系统性和实用性为导向，力求为读者提供全面而深入的学习体验。

　　第一部分是视觉营销设计认知，主要包括对岗位能力、色彩配比、设计排版、营销文案等视觉元素的认知和理解。此项目旨在帮助读者建立对视觉设计核心理论的扎实认知，为后续的设计工作打下坚实基础。

　　第二部分是视觉营销设计技能，主要包括修图基本操作、常见抠图技巧、调色技巧和商品阴影效果制作等技能，进行图像综合处理和平面视觉设计。此项目旨在提升读者的设计水平和实际操作能力。

　　第三部分是网店首页视觉营销设计，主要包括网店首页设计、店招导航栏设计、轮播海报设计、领券区设计和商品陈列区设计等，进行网店首页布局和排版设计。此项目旨在提升读者了解电商平台的设计需求，提升网店首页的吸引力和用户友好性。

　　第四部分是商品视觉营销设计，主要包括商品主图和直通车设计、商品展示设计、商品参数设计、商品细节展示设计等，进行商品详情图整体设计。此项目旨在帮助读者学会运用视觉设计技巧，提升商品的品牌价值和市场竞争力。

　　第五部分是新媒体视觉营销设计，主要包括公众号视觉设计、直播间视觉设计、短视频视觉设计和H5宣传页视觉设计等，进行主流新媒体平台的视觉营销设计。此项目旨在帮助读者跟上数字化媒体发展趋势，提高在新媒体环境下的视觉传达效果。

第六部分是跨境电商视觉营销设计，主要包括海外视觉营销偏好设计、阿里巴巴国际站视觉设计、亚马逊视觉营销设计和TikTok视觉营销设计等跨境电子商务平台设计。此任务旨在帮助读者拓宽国际视野，提升跨境电商产品或服务的吸引力和竞争力。

本书的特色是情景教学、实操演示和成果导向，利用思维导图构建图形化技能图谱，强调OBE成果导向引导课程作品产出，每个项目均采用"情景导入、知识解析、任务实施、应用实操、任务评价"的组织形式，全面指导学习者深入开展视觉营销工作，更为完整地从营销的角度，利用视觉的手段开展电商视觉营销活动，结合校企合作的项目需求重构教学环节和考核任务，更加突出职业教育的技能要求和产教融合需求。

本教材项目一由金婉编写，项目二由陈晓燕编写，项目三由吴浩编写，项目四由吴浩、陈晓燕、金婉、吴燕真编写，项目五由谢涛洪、陈森玲编写，项目六由陈森玲编写。全书统稿工作由吴燕真完成。同时，在教材编写过程中还得到了蓝月亮（中国）有限公司、广州阿隆索智能科技有限公司、广东美迪数字科技有限公司的大力支持，他们丰富的实践案例与专业知识对教材编写质量的提升发挥了关键的作用。本书在编写过程中还参考了一些同类教材及其他资料，在此对相关作者表示感谢。

本书配有丰富的操作视频讲解、习题答案和素材资源，为学习本课程提供可视、可听、可练的平台。读者可扫码下载，或联系出版社提供。

尽管我们在编写过程中力求准确、完善，但书中难免存在疏漏和不足之处，恳请各位读者批评指正。

编　者

2023年9月

目 录
Contents

参考文献

项目一

视觉营销设计认知篇

【职场场景训练】

党的二十大报告提出，我们要深入实施人才强国战略，全面提高人才自主培养质量，着力造就拔尖创新人才，努力培养造就更多高技能人才。

高技能人才是社会发展的重要力量，是企业获得成功的关键因素。作为一名视觉营销设计师，首先要不断地进行深入学习和研究，积累实践经验，提高自己的创新设计能力；其次，要保持学习的热情和求知欲，不断更新自己的知识和技能，才能在激烈的竞争中脱颖而出，成为一名真正的高技能创新人才。

赵明是某校电子商务专业即将毕业的一名学生，在学校布置的顶岗实习任务中，他应聘进入"星艺"公司实习，担任设计师助理一职，他希望通过自己的努力，早日成为一名正式的视觉营销设计师。

【项目学习目标】

1. 知识目标

（1）了解视觉营销设计的概念；

（2）熟知视觉营销设计岗位能力要求及职责；

（3）了解视觉营销设计的未来发展趋势及岗位晋升路径；

（4）理解视觉营销设计基础知识。

2. 技能目标

（1）掌握视觉营销设计配色方法；

（2）掌握视觉营销设计排版方法；

（3）掌握视觉营销设计文字应用方法。

3. 素质目标

（1）明确电商视觉营销设计岗位的技能要求，提升职业素养；

（2）提升视觉营销设计专业知识，培养视觉设计能力及审美素养。

【技能提升图谱】

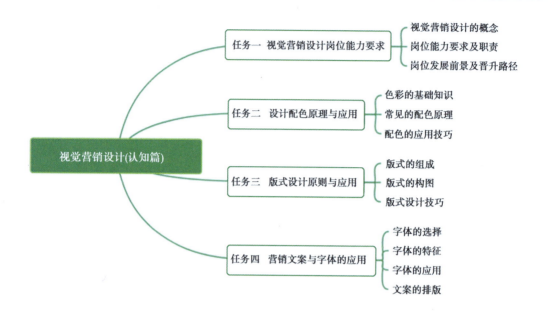

视觉营销设计(认知篇)

任务一 视觉营销设计岗位能力要求
- 视觉营销设计的概念
- 岗位能力要求及职责
- 岗位发展前景及晋升路径

任务二 设计配色原理与应用
- 色彩的基础知识
- 常见的配色原理
- 配色的应用技巧

任务三 版式设计原则与应用
- 版式的组成
- 版式的构图
- 版式设计技巧

任务四 营销文案与字体的应用
- 字体的选择
- 字体的特征
- 字体的应用
- 文案的排版

任务一　视觉营销设计岗位能力要求

一、情境导入

赵明在进入实习岗位后，设计部李经理向他介绍了部门目前的工作任务，希望赵明能够在两天内快速适应岗位，了解岗位能力要求及职责，提前做好职业规划，能够有计划有目标地开展自己的专业实习，争取早日进入部门的设计项目中。

二、知识解析

（一）视觉营销设计的概念

视觉营销设计是一种以图形、图像、颜色、排版、摄影等视觉元素，进行创意设计来吸引消费者注意力和激发购买欲望的一种营销推广手段，其目的是通过创建强有力的品牌形象，帮助企业推广其产品，在激烈的市场竞争中脱颖而出。

随着电子商务的高速发展，消费者对于网上购物的用户体验要求越来越高，各商家也越来越重视视觉营销的设计。他们通过视觉营销设计的手段，向消费者传达商品的信息、服务理念和品牌文化，从而达到营销的目的。传统电商模式下，消费者在网上进行购物时，只能通过图片所传递的信息来判断商品是否符合自己的需求，因此，在视觉营销设计时，就需要通过商品的图片、色彩的搭配、文案的描述等形成强烈的视觉冲击力，从而提升品牌的吸引力，在消费者心目中塑造良好的品牌形象，给消费者带来更好的购物体验。

（二）岗位能力要求及职责

电商视觉营销设计师是电商快速发展和传统的视觉设计相结合形成的一个新的工作岗位。一个商品从把它放到网上销售到卖出去，中间需要经过很多环节，其中，拍摄商品图片、文案设计、装修店铺、促销宣传展示、广告引流等都是电商视觉设计的具体工作。

因此，电商视觉设计人员需要具备很强的专业知识，能熟练使用Photoshop、Dreamweaver、C4D、CDR、AI等常用设计软件，有一定的美术功底及平面设计水平，熟悉商品的特性和卖点，并能用图片结合文字的手法将其展现出来。同时，电商视觉设计人员还需具备良好的审美素养，以及良好的设计理念和文案基础，并能结合运营所需要体现的商品特点和风格，更好地把商品展现给消费者。

在不同企业或电商团队，电商视觉设计人员的岗位职责会有所差异，但其根本职责大同小异，主要包括：品牌全渠道素材设计、产品物料及营销短视频拍摄、网店的视觉装修、品牌形象定位及营销推广设计等。电商视觉设计人员岗位职责如图1-1-1所示。

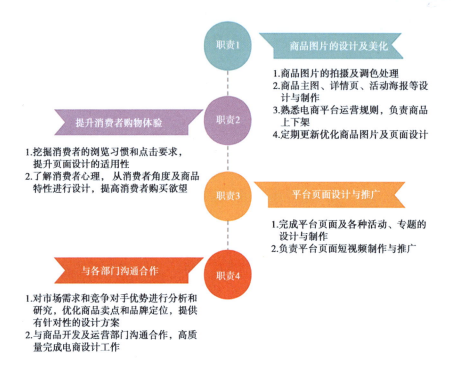

图1-1-1 电商视觉设计人员岗位职责

（三）岗位发展前景及晋升路径

电商视觉设计是当前互联网行业中非常热门的岗位之一。随着电商行业的不断扩张，目前市场对电商视觉营销设计人才的需求在日益高涨，电商企业需要专业的设计师来打造优质的购物体验，提升品牌形象和用户满意度。Boss直聘的网站显示，电商视觉设计师即网店美工，招聘需求量较大，薪资水平在5 300~12 000元左右，是一个非常有前景的职业领域。市场岗位需求及薪资如图1-1-2所示。在目前的互联网行业中，电商视觉设计师除了可以就职于各种类型的电商企业，还可选择设计公司、广告公司等企业。

电商视觉设计人员的晋升路径为：初级设计师—资深设计师—专家级设计师—上级管理岗位，这是常规的晋升路线，如图1-1-3所示。想要在行业中获得成功，需要通过不断的学习和创新，不断提升自己的技能和知识水平，适应市场的需求和发展趋势，发展自己的事业和职业道路。

图1-1-2　市场岗位需求及薪资

图1-1-3　电商设计师晋升路径

三、应用实操

1.举一反三

在这个飞速发展的时代，每个行业都在变革，职业要求也在不断提高。因此，李经理对赵明提出建议：分析各招聘网站上的招聘要求，了解市场需求，才能与时俱进。

2.实施要求

①通过对视觉营销设计岗位的认知，请说一说你的优势在哪。

②对照招聘网的岗位招聘要求，分析自己还需具备哪些技能，并提交一份职业规划书。

四、任务评价

	任务理解能力	分析结果合理	整体完成度
读者自评	□优秀 □良好 □合格	□优秀 □良好 □合格	□优秀 □良好 □合格
小组评价	□优秀 □良好 □合格	□优秀 □良好 □合格	□优秀 □良好 □合格
教师评价	□优秀 □良好 □合格	□优秀 □良好 □合格	□优秀 □良好 □合格
企业评价	□优秀 □良好 □合格	□优秀 □良好 □合格	□优秀 □良好 □合格

任务二　设计配色原理与应用

一、情境导入

赵明进入公司的第一个任务，就是将往期设计案例图稿根据点击率的高低来进行分类排序。在整理的过程中，他发现高点击率的商品图片，在色彩的搭配上都较为突出。色彩对于塑造画面整体风格，提升画面整体的视觉效果起到了十分重要的作用，好的色彩搭配可以给人美的享受，吸引消费者的注意。想要在设计时挑选出最为合适的配色，就要先掌握色彩的基础知识和配色要领。

二、知识解析

（一）色彩的基础知识

1.色彩的分类

在千变万化的色彩世界中，人们所感受到的色彩非常丰富，按种类可以分为原色、间色和复色，但就色彩的系别而言，色彩可以分为两类：有色彩系和无色彩系。

（1）有色彩系

有色彩系指包括在可见光谱中的全部色彩，它以红、橙、黄、绿、青、蓝、紫等为基本色。

有色彩系中的任何一种颜色都具有三大属性，即色相、明度和纯度。一种颜色只要具备以上3种属性都属于有色彩系，如图1-2-1所示。

图1-2-1　有色彩系

（2）无色彩系

无色彩系包括黑、白、灰，也称之为中性色。其中黑白二色在色带中分别处于两端，也称之为极色。按照一定的变化规律，由白色渐变到浅灰、中灰、深灰直至黑色。

无色彩系只有明度上的变化，而不具备色相与纯度的性质。色彩的明度可以用黑白度来表示，越接近白色，明度越高；越接近黑色，明度越低，如图1-2-2所示。

图1-2-2　无色彩系

2.色彩的三要素

所有彩色系的色彩，都需具备色彩的三要素：色相、纯度和明度，在Photoshop软件中，可以通过"颜色"面板，来调节这三个要素：H为色相，S为纯度，B为明度，如图1-2-3所示。

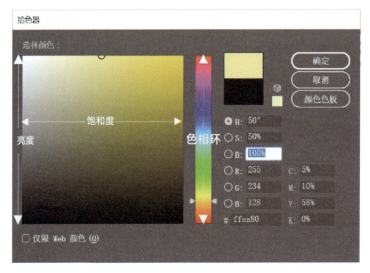

图1-2-3　调色面板

（1）H色相

色相即色彩的相貌，是色彩的首要特征，是区别各种不同色彩最准确的标准。通常情况下色相以色彩的名称来描述和命名，如红、橙、黄、绿、青、蓝、紫。它们各自代表一类具体的色相。在Photoshop中，调整色带图框的位置，色彩就会发生变化，也可改变色彩的色相，如图1-2-4所示。

图1-2-4　色相带

（2）S纯度

纯度即色彩的鲜艳程度，也称之为色彩的饱和度。纯度越高色彩越鲜艳，纯度越低色彩越暗淡。色彩中加入任何一种颜色，都会降低色彩的纯度。纯度降到最低就会失去色相，变为无色彩，也就是黑色、白色和灰色，如图1-2-5所示。

图1-2-5　色彩的纯度变化

（3）B明度

明度即色彩的明暗程度，色彩的明度包括有色彩系明度和无色彩系明度。在有色彩系中，每种颜色都有自己的明度特征，其中黄色的明度最高，紫色的明度最低。在无色彩系中，白色的明度最高，黑色的明度最低。而同一颜色加入黑或白以后，也会产生不同的明暗层次，如图1-2-6、图1-2-7所示。

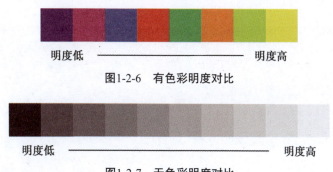

明度低 ——————————————— 明度高

图1-2-6　有色彩明度对比

明度低 ——————————————— 明度高

图1-2-7　无色彩明度对比

经验之谈

在设计中，如果画面的色彩有明度对比，就会产生视觉的冲击力和层次感；反之，如果画面没有明度对比，就会让画面显得苍白无力。

3.冷暖色的使用

不同的颜色会给人心理带来不一样的感受，这取决于颜色的"色温"，暖色调给人亲密温暖的感觉，冷色调给人有距离、凉爽的感觉。

（1）冷色

蓝色、绿色、紫色等属于冷色系，能给人理智、冷静、沉着及坚实的品质感受，一般适用于电子产品、医药品、清洁用品、海产品等产品的页面设计中；同样也适合季节性活动使用，如春季和夏季等，如图1-2-8所示。

图1-2-8 冷色系海报

（2）暖色

红色、橙色、黄色等属于暖色系，能给人温暖、活泼、积极及健康的品质感受，一般适用于食品、儿童用品、保暖衣物等产品的页面设计中；常用于促销活动及季节性活动，如秋季和冬季等，如图1-2-9所示。

图1-2-9 暖色系海报

（二）常见的配色法

1.黄金比例配色法

在电商视觉营销设计中，色彩搭配一般分为主色调、辅助色、点缀色。正确地使用这3种色彩进行搭配，可以让画面的整体效果更加协调和有层次感。色彩的黄金比例配色法则为70：25：5，即主色调占70%，辅助色占25%，点缀色占5%。一般建议画面色彩不超过3种。3种是指3种不同的色相，如红、蓝、黄分别为3种色相。如图1-2-10所示。

图1-2-10　黄金比例配色海报

2.对比关系配色法

（1）同类色

同类色是指同一种色相，但明度不同的色彩。在色环中处于15°以内的色彩都属于同类色。如黄色中可分为柠檬黄、中黄、橘黄、土黄等。在同类色的设计中，色彩主要依靠明度的变化来进行对比，让人感觉清新、柔和，适用于母婴、家具类产品的视觉营销设计。如图1-2-11所示。

图1-2-11　同类色海报

（2）邻近色

邻近色是指在色环上相邻的两种色相，如红与黄、黄与绿、红与紫、紫与蓝等。颜色色调接近，有一定的视觉冲击力，视觉层次感丰富，让人感觉稳定、和谐、统一。适用于服装、美妆类产品的视觉营销设计。如图1-2-12所示。

图1-2-12　邻近色海报

（3）对比色

对比色是指在色环中处于120°～180°的两种色相。如红与蓝、黄与蓝等。由于两种颜色对比明显，可产生强烈的视觉冲击力，让人感觉鲜明、醒目、有活力，适用于运动、促销类产品的营销设计。如图1-2-13所示。

图1-2-13　对比色海报

（4）互补色

互补色是指在色环中相隔180°的两种色相。如红与绿、黄与紫等。两种颜色对比在所有色彩搭配中最为突出，视觉冲击力最强，相应也最难把控。适用于促销类、时尚快消品类的营销设计。使用互补色搭配时，可通过调整画面色彩比例、纯度、明度及增加中间色，来达到和谐的效果。如图1-2-14所示。

图1-2-14　互补色海报

（三）配色的应用技巧

从素材中提取颜色进行配色，是设计师常用的色彩配色方法。从产品或模特中提取主要的色彩，根据店铺的风格和想要营造的氛围，确定好配色的方案后，将颜色填入相应的元素中。

1.根据主题风格配色

搭配对比色，增强视觉效果，营造时尚潮流感。设计步骤如图1-2-15所示。

图1-2-15　对比色搭配法

2.根据物体颜色配色

从产品中提取颜色，调整纯度和明度后使用，可营造画面和谐统一的效果。设计步骤如图1-2-16所示。

图1-2-16　吸色搭配法

三、应用实操

1.举一反三

学习完关于色彩的基础知识及配色方法后，李经理安排赵明收集优秀的电商设计图进行学习和分析，希望能够从中吸取一些设计思路，为接下来的设计提供更好的设计方案。

2.实施要求

①在电商平台上收集同类色、邻近色、对比色、互补色广告图各4张。

②观察以下2张海报，分析其色彩搭配是否合理。

图1-2-17

四、任务评价

	任务理解能力	收集图片准确	分析结果合理	整体完成度
读者 自评	□优秀	□优秀	□优秀	□优秀
	□良好	□良好	□良好	□良好
	□合格	□合格	□合格	□合格
小组 评价	□优秀	□优秀	□优秀	□优秀
	□良好	□良好	□良好	□良好
	□合格	□合格	□合格	□合格
教师 评价	□优秀	□优秀	□优秀	□优秀
	□良好	□良好	□良好	□良好
	□合格	□合格	□合格	□合格
企业 评价	□优秀	□优秀	□优秀	□优秀
	□良好	□良好	□良好	□良好
	□合格	□合格	□合格	□合格

任务三　版式设计原则与应用

一、情境导入

色彩能够唤起消费者对商品的直观感受，而合理的构图能使消费者抓住视觉的中心，使画面更具吸引力。那么在设计时，应该采用怎样的构图方式？赵明对搜集到的优秀的设计图进行了更进一步的分析。

二、知识解析

版式设计是电商设计人员必备的基本功之一。在设计页面时，根据设计的主题和视觉需求，将文字、图片及色彩等视觉元素，进行有组织、有目的的组合排列，以达到更快、更准确地传递信息以及使版面产生美感，满足审美需求的效果。

（一）版式组成

①主体：商品宣传图片或品牌，主导整个设计，是整个版面最为吸引的部分；

②文案：商品信息或活动信息，对主体辅助说明或引导，在促销页面设计的版面中也可作为主体；

③点缀：各种形状、线条、纹理等元素，根据版面的需求增加，用于渲染气氛、吸引消费者注意力，增强视觉效果；

④背景：可分为纯色、彩色、肌理、图片、图形等，根据营销策略、商品或品牌形象选择合适的背景。

（二）版式设计构图

电商的版式设计中，以文案和产品素材为主。在设计时，可将背景版面通过各种图形或图像分割为两个或两个以上模块，再通过版面中的文案、产品素材，进行合理编排，使得版面结构清晰、主次协调、层次丰富。科学合理的版式设计对顾客更具吸引力和引导性。不同的方式也会给消费者带来不同的视觉感受。

1.常见的版式分割

（1）斜线分割

斜线分割给人以积极、飞跃、活泼的视觉感受，常用于促销类型的海报，如图1-3-1所示。

（2）圆形分割

圆形分割给人以饱满、可爱、灵动的视觉感受，让画面更具有亲和力，常用于母婴类及各种节日主题，如图1-3-2所示。

图1-3-1　斜线分割

图1-3-2　圆形分割

（3）三角形分割

三角形分割给人以动感、积极、刺激的视觉感受，让画面更具张力，冲击力较强，常用于电器及爆款等促销活动中，如图1-3-3所示。

（4）直线分割

直线分割给人以简洁、稳固、温和的视觉感受，常用于男性服饰、电器及家居类的商品，如图1-3-4所示。

图1-3-3　三角形分割

图1-3-4　直线分割

2.常见的版式布局

（1）上下式

画面整体呈现上下分布，分别搭配文案和产品素材。主空间承载视觉点，次空间承载阅读信息，这种版式设计能使版面层次分明、主题清晰，画面整体平衡而稳定，如图1-3-5所示。

图1-3-5　上下式

（2）左右式

画面整体呈现左右分布，分别搭配文案和产品素材。这种版式设计更加符合顾客的阅读习惯，还可以根据主次关系调整各个版面的占比，使画面具有平衡、稳定、互相呼应的特点，如图1-3-6所示。

图1-3-6　左右式

（3）对角式

将画面主要元素放置在画面的斜对角位置。优点在于打破视觉平衡，让画面更具生动活泼的特点，如图1-3-7所示。

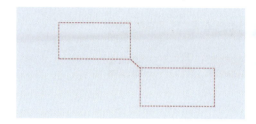

图1-3-7　对角式

（4）中心式

将主体放置在画面中心进行构图。优点在于突出主体，同时画面也容易取得左右平衡的效果，如图1-3-8所示。

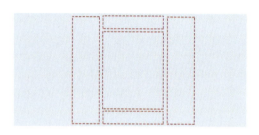

图1-3-8　中心式

知识拓展

在进行版式设计的过程中，可将背景与产品素材、文案，进行两种不同的分割布局，以增加层次感，让画面更丰富。如图1-3-9所示，背景上下分割，产品素材与文案呈左右布局。

图1-3-9　版式效果图

（三）版式设计技巧

对于初学者来说，在设计时经常会遇到的问题就是不知从何下手，其实最简单的方法就是先确定主体的位置，然后根据主体的位置选择排版方式。在一张图片中，主体的位置是最需要被关注的，作为焦点，它的位置直接决定了构图和排版方式。

需要先根据主体的形状去寻找它在画面中最合适的位置。当主体放在画面中心最为合适时，就可以以此来确定画面采用中心式构图法，而文案的排版就可以依据中心式构图的版式设计，把文案按照主次分散在主体的四周，如图1-3-10所示；当主体放在画面下方最为合适时，可采用上下构图的版式设计，主体在下，文案在上，则可以呈现出视觉平衡的效果，如图1-3-11所示；当主体的位置在画面中左右两侧最为合适时，文案则根据左右构图的要求，放在主体的另一侧，如图1-3-12所示。通过这样的方式，可以大大提升作图的效率，快速找到满意的布局方式。

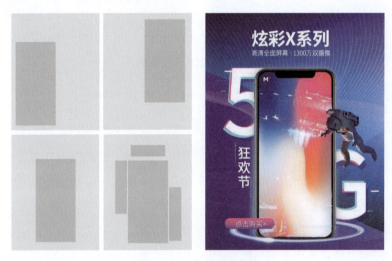

图1-3-10　中心布局海报

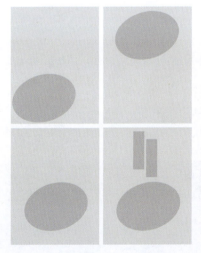

图1-3-11　上下布局海报

图1-3-12　左右布局海报

三、应用实操

1.举一反三

临近中秋节，"星艺"公司接到了新的任务，要为"广源酒家"新推出的白莲蓉月饼设计一张促销推广海报，李经理将任务分配给了赵明，希望他能从近期的优秀案例中吸取好的创意并运用到设计方案中。

2.实施要求

①请分析以下两张海报，分别阐述其运用了哪些版式设计以及具有哪些设计优势。

②根据"广源酒家"所描述的商品及主题要求，请简述该促销海报可以运用哪种版式进行设计。

图1-3-13

图1-3-14

四、任务评价

	任务理解能力	分析结果合理	整体完成度
读者 自评	□优秀	□优秀	□优秀
	□良好	□良好	□良好
	□合格	□合格	□合格
小组 评价	□优秀	□优秀	□优秀
	□良好	□良好	□良好
	□合格	□合格	□合格
教师 评价	□优秀	□优秀	□优秀
	□良好	□良好	□良好
	□合格	□合格	□合格
企业 评价	□优秀	□优秀	□优秀
	□良好	□良好	□良好
	□合格	□合格	□合格

任务四　营销文案与字体的应用

一、情境导入

赵明通过优秀案例的学习，收获满满，发现只有引起消费者注意，才能激发其购买的欲望，而图片中优秀的文案设计，可以更好地传达商品信息及促销活动。

二、知识解析

（一）字体的选择

搭配合理、可读性强的文本能强化视觉效果、加强美感，更好地向消费者传递商品的详细信息，引导消费者完成浏览与购买。当设计中，使用的字体不和谐时，商家传递给消费的信息就会大打折扣，因此文本也是店铺装修设计的重要元素。

不同的字体所传递的性格特征也不一样。在选择字体时，需要根据商品的特征来选择对应的字体。在电商视觉设计中，常用的字体有以下几种：

1.黑体

黑体字在电商海报设计中应用广泛，笔画粗壮，字形方正，非常醒目，给人感觉端正刚硬，具有力量感，有强调视觉的效果，宣传性强，多用于表达简洁或信赖感的主题，如图1-4-1所示。

图1-4-1　黑体

2.宋体

宋体字传统复古又优雅，字形纤细，结构优美，识别性好，给人一种秀气端庄的感觉，多用于表达文艺或者时尚的主题，如图1-4-2所示。

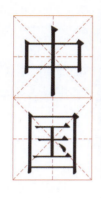

图1-4-2　宋体

3.书法体

书法体是最能代表我国传统文化的字体，具有古典、历史沉淀感。多用于展现产品的艺术气息或在传统节日的促销海报中使用。适用于茶叶、中药保健品、土特产、中式餐饮等设计中，如图1-4-3所示。

图1-4-3　书法体

4.艺术体

创意字体设计，通过调整笔画的结构，让字体变得更美、更富有艺术感染力。设计师在进行字体创作时，不仅要在局部体现美，还要把控笔形、结构的设计，如图1-4-4所示。

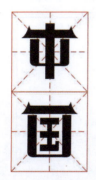

图1-4-4　艺术体

（二）字体的特征

1.笔画的粗细

字体笔画的粗细程度会营造不同的感觉。粗笔画字体随着笔画的加粗，字体的空间随之减少，因此在排版上会形成较高密度的文本块，进而产生一种压迫感，形成视觉重心，起到强调的作用。多用于正规场合或标题文字，给人以稳重、有力、强势的感觉；而细笔画字体，由于笔画纤细、单薄、轻巧，多适用于高端、文艺场合或正文使用，给人以高端、优雅、轻柔的感觉。

2.笔画的曲直

字体笔画的曲直走向赋予了字体不同的力量和弹性。直线赋予字体的是一种阳刚的气质，笔直的线条给人的感觉是干脆、直接、果断，但同时也有着呆板、严肃的意味。而曲线却有着灵动、轻松的气质，弯曲的线条给人带来更多的是温婉、轻柔、飘逸的感觉。

知识拓展

在促销和抢购等活动设计中，要在众多的促销广告中脱颖而出，吸引消费者的注意，一般以折扣数字和价格为主，可将数字及文案的标题，选择比较粗大的字体。如图1-4-5所示。

图1-4-5　促销文案

（三）字体的应用

1.男性风格

在与男性相关的商品海报设计中，如男装、户外商品、男鞋等，都需体现出男性阳刚、粗犷、坚硬的特质。因此在字体的选择上，会选择一些具有力量、健康、稳重、大气等富有男性气质的字体，比如黑体、微软雅黑等，如图1-4-6所示。

图1-4-6　男性风格海报

2.女性风格

在与女性相关的商品海报设计中，如女装、饰品、生活用品、美妆产品等，需体现出女性柔美、细腻的气质特点。因此在选择字体时，要选择一些具有纤细、修长、秀气等特点的字体，比如宋体、方正姚体、方正非凡体等，如图1-4-7所示。

图1-4-7　女性风格海报

3.儿童风格

在与儿童相关的商品海报设计中，如童装、食品、玩具等，需体现出儿童特有的活泼、可爱的性格特点，因此在字体的选择上会使用一些比较俏皮、灵动、童趣一点的字体，比如幼圆、汉仪小麦字体、方正雅珠体等，如图1-4-8所示。

图1-4-8　儿童风格海报

4.大牌风格

在与国际大牌相关的商品海报设计中，需要体现出品牌的高端、大气的特点。因此在字体的选择上尽量选择纤细优美、干净利落的字体，比如细宋体、细黑体、华文中宋体等，如图1-4-9所示。

图1-4-9　大牌风格海报

（四）文案的排版

1.对齐

（1）左对齐

左对齐在视觉设计中是最常见的对齐方式，符合大众从左到右的阅读习惯，如图1-4-10所示。

图1-4-10　左对齐

（2）居中对齐

居中对齐是一种以中心线集中对齐的布局方式，画面整体均衡、舒适，如图1-4-11所示。

图1-4-11 居中对齐

（3）右对齐

右对齐与我们阅读习惯方向相反，此排版方式较少，右侧留白较多时可以使用，如图1-4-12所示。

图1-4-12 右对齐

2.对比

在电商平台的页面中，人们停留的时间往往只有几秒。如何在这么短的时间内，清晰有效地向消费者传达信息，吸引顾客，提升点击率，是电商设计师的首要工作。因此突出重点文案至关重要，可以通过对比的方式打造文案的层次感，来提升视觉效果，增加文案的可读性。如大小对比、粗细对比、颜色对比、疏密对比，如图1-4-13所示。

图1-4-13　文案对比效果

知识拓展

在设计页面时，文案的设计除了要注重字体的选择，还需要对文案进行梳理，找出主次再进行美化处理。例如：大小、颜色、字体、粗细的对比这些都是常见的处理方式，也是Banner文字设计的基础。

经验之谈

一般来说，同一个画面中字体的种类不要超过3种，否则会使消费者产生阅读疲劳，影响对信息的接收。

三、应用实操

1.举一反三

"绿果"超市近期准备推出果蔬线上购物App，为了能吸引更多的消费者，需要制作一张推广图。李经理安排设计团队根据所提供的图片及要求制作推广图。具体要求如下：

主题	"绿果"线上购 App，每日现采，新鲜到家
产品	蔬菜、水果
文案	新鲜果蔬（天然健康、无添加剂、生态种植、新鲜出售），24 小时移动菜市场，Fresh fruit and vegetable markets，立即抢购

图1-4-14　推广图背景

2.实施要求

①请根据上述设计要求，在已有的背景图上进行文案设计；

②根据主题及商品图片，合理选择字体和颜色进行搭配，注重设计的美感；

③需根据文案的重要性来设定层级关系。

四、任务评价

	任务理解能力	文案设计效果	整体完成度
读者 自评	□优秀	□优秀	□优秀
	□良好	□良好	□良好
	□合格	□合格	□合格
小组 评价	□优秀	□优秀	□优秀
	□良好	□良好	□良好
	□合格	□合格	□合格
教师 评价	□优秀	□优秀	□优秀
	□良好	□良好	□良好
	□合格	□合格	□合格
企业 评价	□优秀	□优秀	□优秀
	□良好	□良好	□良好
	□合格	□合格	□合格

●【小组讨论】

请以小组为单位，讨论作为一名视觉营销设计师还需具备哪些设计相关的知识。

●【项目小结】

本项目通过分析目前市场上的岗位需求，探讨视觉营销设计师的未来发展趋势及岗位晋升路径。同时，介绍了视觉营销设计岗位能力要求及职责，并详述了视觉设计所需掌握的基本知识，如色彩搭配、版式设计、文案设计等。既丰富了读者的视觉营销设计专业知识，提升职业素养，也进一步培养读者的视觉设计能力及审美素养。

●【课后练习】

一、单选题

1.视觉营销设计的最主要目的是（　　　）。

A.提升产品品质　　　　　　　　　　　B.提高产品知名度

C.提升消费者购物体验　　　　　　　　D.增强消费者的购买欲望

2.（　　　）不属于色彩的三要素。

A.明度　　　　　　B.冷暖　　　　　　C.纯度　　　　　　D.色相

3.在电商促销和抢购等活动的视觉设计中，一般突出（　　　）来吸引消费者注意。

A.品牌名称　　　　B.折扣或优惠价格　　C.商品图片　　　　D.点击购买

4.电商视觉营销设计师的主要职责是（　　　）。

A.平台的运营管理　　　　　　　　　　B.制订营销策略方案

C.平台的视觉设计及优化　　　　　　　D.与各部门沟通协作

5.色彩的黄金比例配色法则为（　　　）。

A.75：20：5　　　B.70：20：10　　　C.70：25：5　　　D.65：25：10

6.当设计正规场合海报或标题文案时，（　　　）让文案视觉效果更为突出。

A.调整笔画粗细　　　　　　　　　　　B.调整文案字体

C.调整笔画颜色　　　　　　　　　　　D.调整笔画曲直

7.符合大众阅读习惯的文案排版方式是（　　　）。

A.居中对齐　　　　B.两端对齐　　　　C.左对齐　　　　　D.右对齐

8.在版式设计时，基本步骤不包括（　　　）。

A.确定目标群体和主题　　　　　　　　B.确定布局排版和素材

C.选择合适的文案和配色　　　　　　　D.印刷及装订

9.关于对比关系配色法，下列说法不正确的是（　　　）。

A.互补色是指在色环中相对立的两种颜色

B.邻近色是指在色环中相邻的两种色相

C.同类色是指同一种明度，但色相不同的色彩

D.对比色是指在色环中处于120°～180°的两种颜色

10.（　　）适合用于表达文艺时尚或女性主题的字体。

A.黑体　　　　　　B.宋体　　　　　　C.艺术体　　　　　　D.书法体

二、多选题

1.电商视觉营销设计师应具备哪些技能（　　　）。

A.了解消费者心理学，能够从消费者角度进行设计

B.具备较强的设计能力和审美能力

C.熟悉电商平台运营规则及设计规范

D.能熟练掌握PS、CDR、AI等设计软件的使用

2.文案设计排版，可以通过（　　　）来打造文案的层次感提升视觉效果。

A.粗细对比　　　　B.疏密对比　　　　C.颜色对比　　　　D.大小对比

3.下列属于版式设计的主要组成部分的是（　　　）。

A.颜色　　　　　　B.文案　　　　　　C.主体图片　　　　D.点缀元素

4.设计电商海报，怎样能更好地吸引消费者的注意（　　　）。

A.将文案内容进行精简提炼

B.使用对比强烈的颜色搭配

C.将商品图片和文案最大化

D.创新布局突出主体视觉效果

5.当使用互补色进行搭配，色彩的视觉冲击力过于突出，可以采用哪些方式调整
（　　　）。

A.改变色彩比例　　　　　　　　B.增加中性色调和

C.降低色彩饱和度　　　　　　　D.改变色彩色相

习题答案

项目二
视觉营销设计技能篇

【职场场景训练】

党的二十大报告提出，我们要努力培养造就更多大师、大国工匠、高技能人才。想要成为一名视觉设计师，需要培养自身敬业、专注的工匠精神和创新思维，为视觉设计师的可持续发展打下基础。

"悠可"是一家电商服务商，专门为电商公司代运营，进行品牌孵化等。"悠可"公司视觉设计师王丽经常被外派到各个电商公司，以"师傅带徒弟"的模式为电商公司培养美工助理。

无论是哪个电商平台，店铺或者直播间等整体的视觉设计都非常重要。电商视觉设计师需要进行各项页面美化设计，以吸引消费者，来提高商品点击率、转化率。一般网店每天有大量的基础性工作，这些工作需要美工助理来协助设计师完成。作为美工助理，要先从修图、抠图、调色等基本功夫练起。

【项目学习目标】

1. 知识目标

（1）学会对商品进行二次构图、调整图片尺寸和简单修图；

（2）能够合理地对商品图进行美化；

（3）分析归纳不同工具、命令的用途及效果。

2. 技能目标

（1）掌握常用的商品修图技巧；

（2）掌握常用的商品抠图技巧；

（3）掌握商品图调色的方法；

（4）学会为商品图添加各种阴影效果。

3. 素养目标

（1）培养商业图片设计处理能力，提升审美素养；

（2）明确电商视觉设计岗位的技能要求，增强职场信心；

（3）培养具有敬业、专注的工匠精神和创新思维的电商技能人才。

【技能提升图谱】

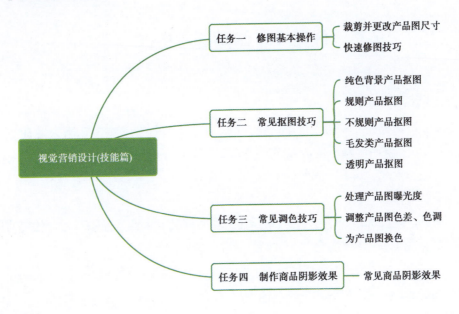

视觉营销设计(技能篇)

任务一　修图基本操作
- 裁剪并更改产品图尺寸
- 快速修图技巧

任务二　常见抠图技巧
- 纯色背景产品抠图
- 规则产品抠图
- 不规则产品抠图
- 毛发类产品抠图
- 透明产品抠图

任务三　常见调色技巧
- 处理产品图曝光度
- 调整产品图色差、色调
- 为产品图换色

任务四　制作商品阴影效果
- 常见商品阴影效果

【学习成果展示】

任务一　修图基本操作

一、情境导入

"瑞宝"饰品是一家新开的网店，"悠可"派王丽为"瑞宝"新人叶萌进行培训，让新人学会修图的基本技巧，好为"瑞宝"网店的视觉设计打好基础。

二、知识解析

本任务讲述Photoshop修图的基本操作方法。裁剪并更改产品图尺寸、快速修图都是视觉设计师的必备基础技能。下面将介绍常用的修图技巧。

（一）裁剪并更改产品图尺寸

电商视觉设计中，裁剪并更改产品图尺寸是入门最基本的技能。调整产品图尺寸，既是为了方便产品图的二次构图，也为了能符合电商平台中的图片尺寸。

为产品图改
尺寸

1.修改产品图尺寸

执行图像-图像大小命令，修改图像大小对话框中图像宽高尺寸、分辨率等来修改产品图大小，如图2-1-1所示。

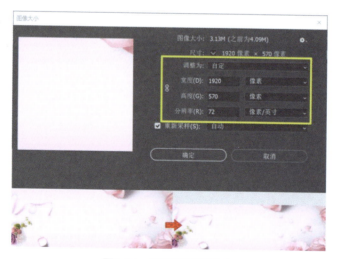

图2-1-1　更改产品图尺寸

2.裁剪工具

选择工具箱中的【裁剪工具】，设置裁剪比例为800×800像素，裁剪掉图片中多余的部分，以符合网店商品主图的尺寸，如图2-1-2所示。

裁剪产品图
尺寸

图2-1-2　裁剪产品图尺寸

（二）快速修图技巧

修饰图片是视觉设计师入门必学的基本功。学会去除污点杂质或多余的物体，让产品更加突出，让产品图更加清晰美观。选择合适的修饰方法，可以快速出效果。常用的修图工具有仿制图章工具、污点修复画笔工具、修复画笔工具、修补工具等。

1.仿制图章工具

根据产品图，在选项栏中调整画笔的硬度，按住Alt键点击鼠标左键选择源点，移动鼠标至需要修复的区域，按下鼠标进行修图，如图2-1-3所示。

仿制图章工具修图

图2-1-3　仿制图章工具修图

2.污点修复画笔工具

选择工具箱中的【污点修复画笔工具】，可自动从修饰区域的周围取样，单击鼠标左键修复目标区域即可。常用来快速去除产品图中的污点或者不理想的地方，例如图2-1-4中耳朵、手指上的头发、脸上的斑点等。

3.修复画笔工具

选择工具箱中的【修复画笔】，按住Alt键单击进行取样，放开Alt键开始拖动鼠标进行修复，与【仿制图章工具】类似，但该工具还可以自动从被修饰区域的周围取样，修复边界自然。效果如图2-1-3所示。

修复画笔工具去除斑点

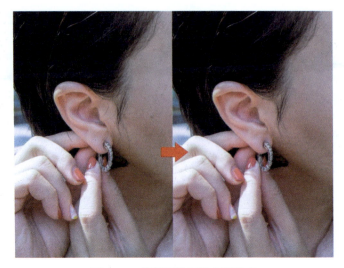

图2-1-4　修复画笔工具去除斑点

4.修补工具

　　选择工具箱中的【修补工具】，单击鼠标左键选取要修复选区，拖动选区至目标选区，可与修复区域周围像素进行匹配，即可完成修复。该工具与其他修复工具的区别在于需要用选区来定位修补范围，因此常结合其他选区工具一起使用。修复效果如图2-1-5所示。该工具常用来去水印、污点等。

修补工具去污点

图2-1-5　修补工具去污点

　　知识拓展

　　选项栏中可以设置修补方式为"源"或者"目标"。选择"源"，拖动选区修复选中的内容，选中"目标"，将选区内容复制至目标区域。

三、任务实施

　　"瑞宝"要在七夕节主推一款情侣戒指。王丽带领新人叶萌为情侣戒指设计一张广告图，用以宣传七夕节活动。为了突出活动相关主题和商品，背景图要进行修图。修图时要注意选择合适的修图工具，细心专注地对素材进行修图，制作出符合平台尺寸，并能够吸引顾客的广告图，最终效果如图2-1-6所示。

图2-1-6　七夕节情侣戒指广告图

步骤1：按Ctrl+O组合键执行打开文件命令，打开"背景.jpg"素材。执行菜单栏中的【图像】—【图像大小】，将【宽度】改为1920像素，【高度】改为570像素，如图2-1-7所示。按Ctrl+J组合键执行图层拷贝新建命令，此时生成"背景拷贝"图层。

七夕节情侣
戒指广告图

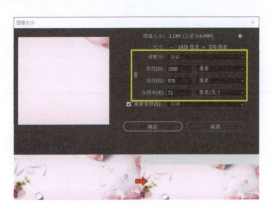

图2-1-7　修改图像大小

步骤2：选择工具箱中的【修补工具】，在画布中按住鼠标左键抠选丝带，完成后放开鼠标，将丝带选区往上移动，效果如图2-1-8所示。

图2-1-8　移动修补背景素材

步骤3：选择工具箱中的【仿制图章工具】，按住Alt键单击鼠标左键选择丝带附近源点，拖动鼠标修复原来的丝带区域，重复操作，直至剩下复制出来的丝带，效果如图2-1-9所示。

图2-1-9　去除多余的丝带

步骤4：选择工具箱中的【修补工具】，抠选左下角玫瑰花瓣，放开鼠标，将选区移动至右边玫瑰花旁，效果如图2-1-10所示。

图2-1-10　复制花瓣

步骤5：按Alt+F+L组合键执行置入嵌入对象命令，在合适的位置置入"戒指.png"素材，等比例放大戒指至合适大小，如图2-1-11所示。

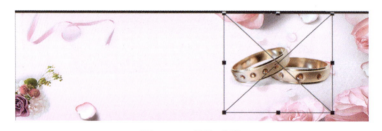

图2-1-11　置入戒指

步骤6：按Alt+F+L组合键执行置入嵌入对象命令，在合适的位置置入"主题.png"素材，最终效果如图2-1-12所示。

图2-1-12　置入主题

四、应用实操

1.举一反三

"瑞宝"准备上架一款新推出的钻戒，当店家将其中一张产品海报进行上传时发现图片上有厂家预留的联系信息，因此要求叶萌用自己刚学的修图知识对图片上的二维码及电话号码进行快速修图遮蔽，效果如图2-1-13所示。

2.实操要求

①去水印要精细，不要出现修图痕迹。

②"素材"文件夹中已提供商品图片素材，也可通过素材平台搜索相关素材并合理运用。

图2-1-13 去除水印

五、任务评价

	任务理解能力	修图效果	整体完成度
读者自评	□优秀	□优秀	□优秀
	□良好	□良好	□良好
	□合格	□合格	□合格
小组评价	□优秀	□优秀	□优秀
	□良好	□良好	□良好
	□合格	□合格	□合格
教师评价	□优秀	□优秀	□优秀
	□良好	□良好	□良好
	□合格	□合格	□合格
企业评价	□优秀	□优秀	□优秀
	□良好	□良好	□良好
	□合格	□合格	□合格

任务二　常见抠图技巧

一、情境导入

党的二十大报告提出，我们要坚持精准扶贫，要全面推进乡村振兴。激发电商人投身农业农村现代化建设的责任感和实现乡村全面振兴的使命感，培养"知农、爱农、兴农"的应用型电商人才。

今年，风调雨顺，南水县橙子等农产品产量较高，部分农民辛苦忙活了一年，橙子却卖不了好价钱，"悠可"公司获悉这一情况后，借助电商平台的力量，帮助农民拓宽销路，实现增收。

为了助力农产品销售，做好电商精准扶贫工作，"悠可"公司设计师王丽带领当地的美工助理，对"橙心橙意"直播和电商店铺的橙子素材进行美化处理。通过此次"师傅带徒弟"的模式，让当地美工助理学会更好地包装农产品，使得农产品在电商平台有更好的销售额。

二、知识解析

本任务讲述Photoshop 软件中常见的抠图技巧。选择合适的抠图方法，可以高效地完成抠图，从而对产品图进行优化处理。下面将介绍常用的抠图技巧，并在实操演练中讲解抠图技巧复合使用的方法。

（一）纯色背景产品抠图

电商中各类商品图都会有一些背景比较简单的产品图片，例如纯色背景、产品和背景对比度明显等产品图，一般可以用Photoshop中的魔棒工具、快速选择工具、对象选择工具等工具进行快速抠图。

1.魔棒工具

选择工具箱中的【魔棒工具】，单击纯色背景区域，删除背景，即可抠出商品。魔棒单击背景图上的颜色，即可以选中图中与其颜色一致或者接近的区域，颜色区别较大即可设置选项栏单中的容差值，容差越大，选取到的范围则越大，如图2-2-1所示。具体操作请扫码观看。

魔棒工具抠除纯色背景

图2-2-1　魔棒工具抠除纯色背景

2.快速选择工具

　　选择【快速选择工具】，调节画笔大小，拖动鼠标时，选区会向外扩展并自动查找图像中定义的边缘，如图2-2-2所示。具体操作请扫码观看。

快速选择工具
抠取产品

图2-2-2　快速选择工具抠取产品

经验之谈

　　纯色背景产品图中，如有明显阴影，使用快速选择工具会更加方便快捷。快速选择工具可根据抠图区域大小来调整画笔大小，多次拖动鼠标选择产品的更多范围。

3.对象选择工具

　　选择工具箱中的【对象选择工具】，只需在对象周围绘制矩形区域或套索，对象选择工具就会自动选择已定义区域内的对象。对象选择工具更适合处理定义明确的对象。自动查找的选区有时会选择不到一些区域，这时便需要借助【魔棒工具】或者【快速选择工具】加选选区，如图2-2-3所示。具体操作请扫码观看。

对象选择工具抠
取不规则产品

图2-2-3　对象选择工具抠取不规则产品

（二）规则产品抠图

处理外形比较规则的产品，例如圆形、椭圆形、方形、多边形等规则形状的产品，可以采用Photoshop中的选框工具或者多边形套索工具来进行抠图。矩形选框工具和椭圆选框工具常用来抠取规则外形产品，多边形套索工具常用来抠取边界是直线的多边形产品。

1.椭圆选框工具

如遇到产品图外形是椭圆或者圆形的，可选择工具箱中的【椭圆选框工具】进行抠图。选择【椭圆选框工具】，通过框选产品区域，选中圆形产品选区，抠出产品，如图2-2-4所示。具体操作请扫码观看。

椭圆选框工具
抠取圆形产品

图2-2-4　椭圆选框工具抠取圆形产品

知识拓展

选择工具箱中的椭圆选框工具，按住Shift键可画出正圆选区，按住Shift+Alt组合键时，可从中心点向外画正圆。矩形选框工具与椭圆选框工具操作方法一致。

2.多边形套索工具

多边形套索工具一般用来抠取棱角分明、边缘呈直线的产品。选择工具箱中的【多边形套索工具】单击鼠标左键，所单击的点将成为直线的拐点，最后双击鼠标，将自动闭合所选产品形成选区，如图2-2-5所示。具体操作请扫码观看。

多边形套索工具抠取边缘直线的产品

图2-2-5　多边形套索工具抠取边缘直线的产品

（三）不规则产品抠图

当遇到产品外形为不规则形状时，可选用磁性套索工具或者钢笔工具来进行抠图。

1.磁性套索工具

磁性套索工具适用于边缘较清晰且与背景对比明显的产品图。选择工具箱中的【磁性套索工具】，在产品边缘单击鼠标，沿着产品边缘移动鼠标，通过自动识别图像边缘的方式建立选区，从而抠取出产品。如果锚点的位置不准确，则可按下Delete键或者退格键将其删除，连续按下Delete键可依次删除前面的锚点，按下Esc键可以清除所有选区，如图2-2-6所示。具体操作请扫码观看。

磁性套索工具抠取边缘复杂且清晰的产品

图2-2-6　磁性套索工具抠取边缘复杂且清晰的产品

使用工具箱中的【磁性套索工具】时，产品边界清晰则选项栏中的【宽度】【对比度】的数值可以调大点，边界不是特别清晰则选项栏中的【宽度】【对比度】的数值可以调小点；【频率】决定了锚点的数量，该值越高，捕抓到的边界越准确，但要注意过多的锚点也会造成选区边缘不够光滑。

2.钢笔工具

如遇到产品边缘多以曲线、直线交替的，或者产品与背景分界不明显等情况时，可选择路径抠图法进行精准抠图。常用工具箱中的【钢笔工具】为产品描边，再将所描路径转成选区，可以精准抠出产品，如图2-2-7所示。具体操作请扫码观看。

钢笔工具精准抠取不规则产品

图2-2-7　钢笔工具精准抠取不规则产品

知识拓展

按住Ctrl键，可移动路径上的锚点；按住Alt键单击锚点可切换角点与平滑点；单击已有锚点可以删除锚点，单击路径可添加锚点。

经验之谈

使用工具箱中的【钢笔工具】时，单击鼠标创建锚点时不放手，拖动后可创建曲线段，通过控制两边锚点控制柄可调整曲线弧度。控制柄与产品轮廓线相切即可继续画路径，控制柄一边进入产品内部，即按住Alt键将锚点切换成角点，再继续画路径，这样就不需要一直不断地调整控制柄。

（四）毛发类产品抠图

一些毛发类的产品，或者是模特的头发，用一般抠图工具较难抠出细细的毛发。这种情况下，可先用快速选择工具选择产品或者模特大致的选区，然后运用选项栏中的选择并遮住命令来抠取毛发类等细节较多的商品图，如图2-2-8所示。具体操作请扫码观看。

图2-2-8　运用选择【选择并遮住】调整毛发类产品图

知识拓展

【选择并遮住】对话框中，可以根据图像中毛发的区域大小设置笔刷的大小。调整视图模式，有多种模式，可根据需求进行选择。

（五）透明产品抠图

抠取一些特殊质感的商品时，如玻璃杯、婚纱、水、冰块等，使用一般的抠图工具很难抠出半透明的效果，可以先用工具箱中的【钢笔工具】抠取产品形状，按Ctrl+J执行图层拷贝新建命令，复制出两个杯子图层，选择第一个杯子图层，按住Ctrl+Shift+U去色，再用蒙版擦除杯子图层的不透明处，如图2-2-9所示。具体操作请扫码观看。

图2-2-9　透明产品抠取技巧

三、任务实施

王丽带领美工助理为"橙心橙意"直播制作一张海报，用以宣传本次直播的内容、时间、二维码、优惠力度等，为直播间引流。海报中包含橙子等素材，需要美工助理抠图优化，再进行合成。本次直播主推南水县滞销的橙子，抠图处理的素材有桌面、切开的橙子、"橙心橙意"礼盒，还有当地农民直播形象，抠图时要注意选择合适的工具和命令，细心专注地抠出素材，制作出能够吸引顾客的宣传海报，最终效果如图2-2-10所示。

"橙心橙意"
海报效果

图2-2-10 "橙心橙意"海报效果

步骤1：按Ctrl+O组合键执行打开文件命令，打开"背景.jpg"文件。

步骤2：按Alt+F+L组合键执行置入嵌入对象命令，在合适的位置置入"文字.png"素材，按回车键确定，效果如图2-2-11所示。

图2-2-11 置入"文字"素材

步骤3：按Ctrl+O组合键执行打开文件命令，打开"橙子.jpg"素材。选择工具箱中的【快速选择工具】 ，在需要抠取的橙子区域上画出选区，效果如图2-2-12所示。

图2-2-12　画出橙子选取

步骤4：选择工具箱中的【移动工具】 ，按住鼠标左键，将抠选好的橙子拖动至背景文件中，按Ctrl+T组合键执行自由变换命令，将橙子调整至合适大小，效果如图2-2-13所示。

图2-2-13　置入透明背景的橙子

步骤5：按Ctrl+O组合键执行打开文件命令，打开"礼盒.jpg"素材。选择工具箱中的【多边形套索工具】 ，边移动鼠标边单击鼠标左键，描出礼盒的边缘，然后通过双击鼠标，自动闭合选区，效果如图2-2-14所示。

图2-2-14　抠取橙子礼盒

步骤6：选择工具箱中的【移动工具】■，按住鼠标左键，将抠选好的礼盒拖动至背景文件中，效果如图2-2-15所示。

图2-2-15　置入透明背景的礼盒

步骤7：按Ctrl+O组合键执行打开文件命令，打开"桌面.jpg"素材。选择工具箱中的【矩形选框工具】■，框选木板区域，效果如图2-2-16所示。

图2-2-16　抠取木板区域

步骤8：选择工具箱中的【移动工具】 ✛ ，按住鼠标左键，将抠选好的桌面拖动至背景文件中，效果如图2-2-17所示。

图2-2-17　置入木板桌面

步骤9：按Ctrl+O组合键执行打开"农民.jpg"素材。选择工具箱中的【快速选择工具】 ✎ ，单击鼠标左键，在人物、箱子上画出选区，效果如图2-2-18所示。

图2-2-18　抠取人物、箱子

步骤10："农民"素材边界较为复杂，选择工具箱中的【快速选择工具】抠出来的边缘并不理想，可借助其他抠图工具、命令进行抠图。纸箱的边缘抠出来不平滑，选择工具箱中的【多边形套索工具】，按住Shift键增加选区，按住Alt键减去选区，根据选区效果进行增减选区，抠出平滑的纸箱边缘，效果如图2-2-19所示。

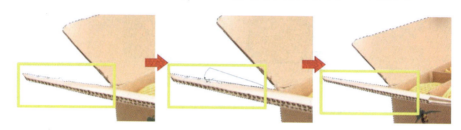

图2-2-19　用【快速选择工具】抠取平滑的箱子边缘

步骤11：在选区区域单击鼠标右键，建立工作路径，如图2-2-20所示。选择工具箱中的【钢笔工具】，按住Alt键滚动鼠标中间，放大画面，移动调整没有贴合外形边缘的锚点。操作过程中可按住空格键移动到画面其他区域，效果如图2-2-21所示。

图2-2-20　建立工作路径

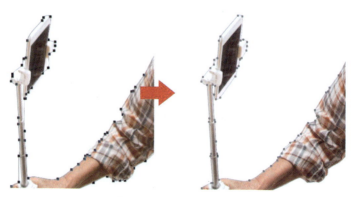

图2-2-21　用【钢笔工具】调整人物边缘路径

步骤12：按住Ctrl+回车键，生成选区，在选区上单击鼠标右键，调出【选择并遮住】对话框，选择【调整边缘画笔工具】 ✍ ，画出细小的毛发和眉毛，单击确定，效果如图2-2-22所示。

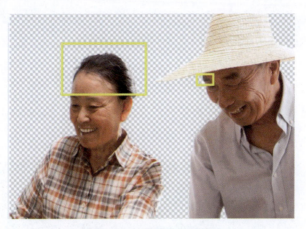

图2-2-22　抠取人物毛发

步骤13：选择工具箱中的【移动工具】 ✥ ，按住鼠标左键，将抠选好的农民拖动至背景文件中，效果如图2-2-23所示。

图2-2-23　置入抠取好的"农民"素材

四、应用实操

1.举一反三

"大山"是一家有机水果网店，主营商品是各种有机水果。为了提高店铺的流量，店铺打算开直通车，现需要美工对店铺广告图进行重新设计，打造一张能宣传店铺主营产品的广告图，为店铺引流，效果如图2-2-24所示。

2.实操要求

①广告图的尺寸要符合天猫平台的要求。

②在素材的选择上要进行构图排版的思考，产品抠图要精细。

③"素材"文件夹中已提供商品及背景图片素材。

图2-2-24　水果广告图

五、任务评价

	任务理解能力	抠图效果	排版布局效果	整体完成度
读者自评	□优秀	□优秀	□优秀	□优秀
	□良好	□良好	□良好	□良好
	□合格	□合格	□合格	□合格
小组评价	□优秀	□优秀	□优秀	□优秀
	□良好	□良好	□良好	□良好
	□合格	□合格	□合格	□合格
教师评价	□优秀	□优秀	□优秀	□优秀
	□良好	□良好	□良好	□良好
	□合格	□合格	□合格	□合格
企业评价	□优秀	□优秀	□优秀	□优秀
	□良好	□良好	□良好	□良好
	□合格	□合格	□合格	□合格

任务三 常见调色技巧

一、情境导入

"聚美"是一家美妆网店，该店虽然已经运营一年了，但由于店铺转化率低，导致销售业绩一直下滑。于是在三八妇女节来临之际，网店老板找来"悠可"公司帮忙调整网店的运营模式及网店整体设计风格。

"悠可"设计师王丽将带领"聚美"的美工助理，对网店整体风格、色调进行重新设计，打造适合美妆产品的店铺风格及色调，使"聚美"网店在三八节吸引更多顾客下单。

二、知识解析

在电商视觉设计中，调色是很重要的一部分，色调影响顾客第一眼的视觉效果，往往决定了顾客是否继续浏览该产品。

本任务将学习如何解决产品图曝光过度，曝光不足，色差、色调不匹配和产品颜色替换等方面的问题，同时讲述Photoshop软件中常用的调色技巧，以及如何通过合适的调色命令来高效地完成商品图片色调调整。下面将介绍常用的调色技巧，并在实操演练中讲解调色命令使用的技巧。

（一）处理产品图曝光度

受光线影响，拍摄的产品图偏暗或者偏亮，这样会导致网店图片效果不佳。调整产品图明暗度及对比度，可以选用亮度/对比度、色阶、曲线、曝光度等命令来调整产品图效果。根据曝光程度不同，选择最合适的命令来调整。

亮度/对比度：可以快速调整产品图的亮度和对比度。操作简单，但可能会导致产品图丢失细节。可结合其他命令一起调整产品图的曝光度。

色阶：可调整产品图的高光区、中间调区和暗调区，也可以调整图像的对比度，校正色调范围和色彩平衡，色阶不仅可以调整色调，还可以调整色彩，常用来调整产品图曝光不足或曝光过度等问题。

曲线：是最强大的调整工具，具有色阶、阈值、亮度/对比度等多个命令的功能，可以精确地对色调进行调整，使产品图更有质感，是常用的色调、明暗度调整命令。

曝光度：是专门用于调整产品图曝光度的命令，常用来调整曝光不足或曝光过度的产品图。

1.处理曝光不足产品图

执行菜单栏中图像—调整—色阶，调出色阶对话框，调整高光区、中间调区和暗调区数值，效果如图2-3-1所示。

图2-3-1　处理曝光不足产品图

知识拓展

整个色阶范围为0~255，0代表全黑，255代表全白。因此，色阶数值越高，色调越亮。

2.处理曝光过度产品图

执行菜单栏中图像—调整—曝光度，调出曝光度对话框，先向左降低产品图曝光度，然后向右调整位移参数，使得产品图增加亮度，最后向右调整灰色系数校正的滑块，增加产品图的对比度，整体调整后产品图更具质感，更能吸引人眼球，效果如图2-3-2所示。

图2-3-2　处理曝光过度产品图

知识拓展

曝光度命令选项中，曝光度是用来调整色调范围的高光端；位移能使阴影和中间调变暗；灰度系数校正用于调整产品图的灰度系数，即对比度。

（二）调整产品图色差、色调

受环境光线和相机参数设置的影响，拍摄出来的产品图有时会出现色差、色彩不够艳丽等问题，或出现产品图与场景图色调不协调，可选用自然饱和度、色相/饱和度、色彩平衡、照片滤镜等命令进行调整，调出更能吸引消费者的产品图。常用命令如下：

自然饱和度：用于调整色彩饱和度，可在增加饱和度的同时防止颜色过于饱和而出现溢色，保持自然、真实的效果，适合处理人像照片。

色相/饱和度：可调整产品图的整体色相、饱和度、明度，常用来调整产品图片中不协调的单种颜色（包括红、黄、绿、蓝、青、洋红等单一颜色的色相、饱和度和明度）。

色彩平衡：可调整各种色彩间的平衡功能，能单独或整体调整产品图中某种颜色的高光、中间调和阴影三种色调，常用于调整明显偏色的产品图。

照片滤镜：该命令可快速调出产品图的冷暖等色调，让产品图更具独特风格。

1.产品图偏色校正

此素材中整体色调偏黄色，在调整过程中要减少素材图中的黄色。执行菜单栏中图像—调整—色彩平衡，分别调试高光、中间调和阴影中的滑块，减少黄色，增加蓝色，使产品图接近实物颜色，效果如图2-3-3所示。

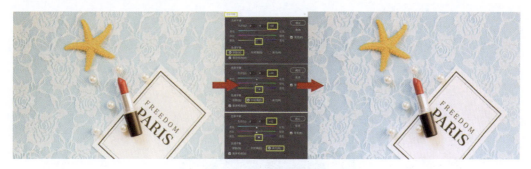

图2-3-3　产品图偏色校正

2.产品图色调调整

三八妇女节店铺整体色调为红色，因此需要将原来蓝色的主图设计调整成红色调，执行菜单栏中图像—调整—色相/饱和度，调整主图的色相成红色，效果如图2-3-4所示。

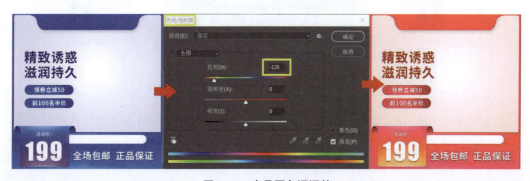

图2-3-4　产品图色调调整

（三）为产品图换色

有些产品会有不同的色号，为了节省拍摄成本，可使用换色命令，对产品进行换色处理。

1.替换颜色命令

可以选中产品图中的特定颜色，修改色相、饱和度和明度。可运用替换颜色命令替换产品颜色。执行菜单栏中图像—调整—替换颜色，用吸管吸取指甲颜色，调整色相，修改指甲颜色，效果如图2-3-5所示。

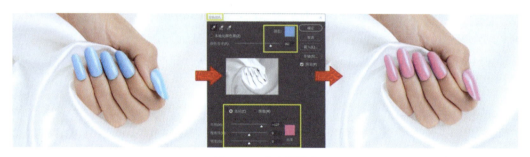

图2-3-5　为产品换色

2.可选颜色命令

通过调整印刷油墨的含量可以控制颜色。可以有选择性地修改主要颜色中的印刷色含量，但不会影响其他主要颜色。运用"可选颜色"可改变产品图像颜色。执行菜单栏中图像—调整—可选颜色，选择颜色为红色，调整青色、洋红、黄色色调，修改口红色号，效果如图2-3-6所示。

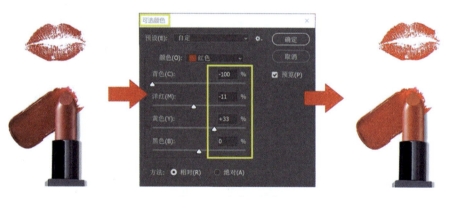

图2-3-6　为产品调色

知识拓展

可选颜色命令对话框中，单独调整一种颜色，也可以改变产品图效果。使用时注意，若颜色调整不合适，会改变产品图暗部和亮部的结构。

三、任务实施

为了宣传"3.8"妇女节活动，打造节日氛围，王丽带领"聚美"美工助理，设计制作一张店铺首页宣传海报，要求用工匠精神打磨符合节日色调的作品。海报最终效果如图2-3-7所示。

图2-3-7　妇女节化妆品宣传海报

步骤1：按Ctrl+O组合键执行打开文件命令，打开"背景.jpg"文件。

步骤2：按Alt+F+L组合键执行置入嵌入对象命令，在合适的位置置入"花瓣.png"素材，按回车键确定，效果如图2-3-8所示。

图2-3-8　置入素材

步骤3：选择背景图层，按Ctrl+B组合键打开色彩平衡命令对话框，背景图偏黄，该海报色调定位偏西瓜红，增加蓝色，减少黄色，增加洋红和红色的数值，按回车键确定，效果如图2-3-9所示。

图2-3-9 调整背景色调

步骤4：按Alt+F+L组合键执行置入嵌入对象命令，在合适的位置置入"主题.png"素材，按回车键确定，效果如图2-3-10所示。

图2-3-10 置入主题

步骤5：选择背景图层，按Ctrl+U组合键打开【色相/饱和度】命令对话框，调整主题文字的色调与"花瓣.png""背景.jpg"相统一，按回车键确定，效果如图2-3-11所示。

图2-3-11 调整主题文字色调

步骤6：选择背景图层，按Alt+F+L组合键执行置入嵌入对象命令，在合适的位置置入"模特.png"素材，按回车键确定。选择"模特"图层，单击鼠标右键，选择格式化图层，将置入的智能图片修改成普通图片，效果如图2-3-12所示。

图2-3-12　置入素材

步骤7：模特唇色与海报整体色调不统一，需要修改唇色。选择工具箱中的【快速选择工具】，单击鼠标左键，在人物嘴唇上画出选区，效果如图2-3-13所示。

图2-3-13　选择嘴唇选区

步骤8：执行菜单栏—图像—调整—替换颜色命令，选择对话框中的选区模式，移动鼠标吸附嘴唇颜色，调整颜色容差值，调整色相和饱和度，将唇色与海报色调相统一，效果如图2-3-14所示。

图2-3-14　调整模特纯色

步骤9：模特皮肤整体偏暗，按Ctrl+M组合键打开【曲线】命令对话框，调整模特亮度，效果如图2-2-15所示。

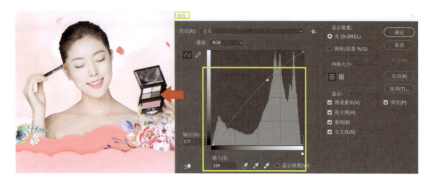

图2-3-15　调整模特亮度

步骤10：按Alt+F+L组合键执行置入嵌入对象命令，在合适的位置置入"化妆品.png"素材，按回车键确定，效果如图2-3-16所示。

图2-3-16　置入化妆品素材

四、应用实操

1.举一反三

"聚美"新推出绿瓶植物精华液，绿瓶除了颜色之外，其他均与店铺现有蓝瓶精华液一样，为了节约成本，需要美工对现有蓝瓶进行换色，并为绿瓶精华液设计详情页，打造一张能传达绿瓶精华液功效的详情页，效果如图2-3-17所示。

2.实操要求

①制作的广告图的尺寸要符合天猫平台的要求。

②在素材的选择上要进行构图排版的思考，产品换色要细致，与实物颜色要一样。

③设计素材详见"素材"文件夹。

图2-3-17　精华液功效的详情页

五、任务评价

	任务理解能力	颜色搭配效果	排版布局效果	整体完成度
读者自评	□优秀	□优秀	□优秀	□优秀
	□良好	□良好	□良好	□良好
	□合格	□合格	□合格	□合格
小组评价	□优秀	□优秀	□优秀	□优秀
	□良好	□良好	□良好	□良好
	□合格	□合格	□合格	□合格
教师评价	□优秀	□优秀	□优秀	□优秀
	□良好	□良好	□良好	□良好
	□合格	□合格	□合格	□合格
企业评价	□优秀	□优秀	□优秀	□优秀
	□良好	□良好	□良好	□良好
	□合格	□合格	□合格	□合格

任务四　制作商品阴影效果

一、情境导入

视觉设计中要求精益求精，对产品图质量负责，是工匠精神的体现之一。很多产品图经过重新合成后会让顾客感觉不真实，有部分原因是设计师没做到精益求精，没考虑为产品添加合适的阴影，提高产品档次。

"悠可"公司派设计师王丽为"未来电器"培训美工助理。"未来电器"美工助理黄鑫童制作的电器产品图不显高档，于是向王丽请教。经了解后，王丽增加了为产品添加阴影的培训内容。黄鑫童通过学习，学会为产品添加各种阴影效果，大大提高了产品图质量。

二、知识解析

本任务讲述视觉设计中常见的各种阴影，学会分析图片并为产品添加合适的阴影。掌握添加阴影的技巧及方法，高效、高质量地完成产品图设计。下面将介绍常见商品阴影效果，并在实操演练中讲解添加阴影技巧复合使用的方法。

电商中各类商品图都会遇到不同场景，正确地处理产品与场景的光影效果，不仅能使产品图看起来更加自然真实，提高产品信服度，更能吸引消费者继续了解该产品。在不同的场景中，要为产品添加不同的阴影效果。常见产品阴影效果如下：

为产品添加
柔和阴影

1.为产品添加柔和阴影

柔和阴影离产品近处颜色较深，离产品越远的阴影透明度越来越低，产生柔和自然的效果。如场景中光源的方向不明确，可为产品添加柔和阴影，效果如图2-4-1所示。具体操作请扫码观看。

图2-4-1　为产品添加柔和阴影

2.为产品添加接触阴影

接触阴影一般颜色较深，边缘柔和。常用于产品和物体接触部分产生的阴影，如图2-4-2所示。具体操作请扫码观看。

图2-4-2　为产品添加接触阴影

为产品添加
接触阴影

经验之谈

制作不规则接触阴影时可以先抠出产品接触阴影处的选区，羽化选区，向下移动选区，再新建空白图层，设置前景色为黑色，选择油漆桶，填充选区。

3.为产品添加投射阴影

光源被产品阻挡会产生投射阴影。投射阴影形状一般和产品外形接近，或者是产品形状变形而来，如图2-4-3所示。具体操作请扫码观看。

图2-4-3　为产品添加投射阴影

为产品添加
投射阴影

经验之谈

制作透明或者半透明产品的投射阴影时，要根据产品的透光性，适当地为产品添加通透的阴影。制作投射阴影时，可根据产品所在的台面颜色来选择阴影颜色。

4.为产品添加倒影

倒影即产品映出的倒立的影子。表面质感光滑的产品，如电子、珠宝、瓶装等品类的产品一般会出现倒影。倒影也常出现在光滑材质的地面、桌面、墙面等环境下。倒影能很好地突出产品质感，吸引顾客眼球，如图2-4-4所示。具体操作请扫码观看。

为产品添加
倒影

图2-4-4　为产品添加倒影

知识拓展

制作倒影时可以复制产品图层并进行垂直翻转，再增加倒影的渐隐效果。产品底下可多增加一个接触阴影，使产品显得更加自然真实。

三、任务实施

黄鑫童向王丽学习了为产品添加阴影的技巧后，接到的第一个任务就是为夏季新上市的空调添加室内场景的阴影。黄鑫童精益求精地为室内场景的空调制作投射阴影，制作出能够吸引顾客的详情页，最终效果如图2-4-5所示。

为空调添加室
内场景的阴影

图2-4-5　为空调添加室内场景的阴影

步骤1：按Ctrl+O组合键执行打开文件命令，打开"背景.jpg"素材。

步骤2：按Alt+F+L组合键执行置入嵌入对象命令，在合适的位置置入"空调.png"素材，按回车键确定，效果如图2-4-6所示。

图2-4-6　置入素材

步骤3：选择背景图层，选择工具箱中的【椭圆工具】 ，选项栏中的【填充】设置为深灰色（#434343），在空调下方画出椭圆形的接触阴影，在属性栏面板调整【羽化值】为13像素，如图2-4-7所示。

图2-4-7　制作接触阴影

步骤4：选择工具箱中的【圆角矩形工具】 ，在空调右侧画出圆角矩形的阴影，在属性栏面板调整【羽化值】为10像素，如图2-4-8所示。

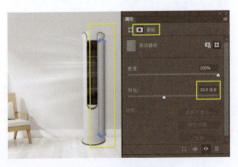

图2-4-8　制作墙上阴影

步骤5：选择工具箱中的【钢笔工具】，在空调右侧画出空调投影形状，注意投影形状和空调外形相似，在属性栏面板调整【羽化值】为4.2像素，调整图层不透明度为26%，如图2-4-9所示。

图2-4-9　制作墙上投影

步骤6：观察分析背景图中沙发的投影，投影是投射到墙上的，层次丰富。那么空调的投影也要增加层次感。按Ctrl+J组合键执行图层拷贝新建命令，此时生成"形状1拷贝"图层，单击鼠标右键，执行格式化图层，将图层转为普通图层，并调整图层不透明度为31%，如图2-4-10所示。

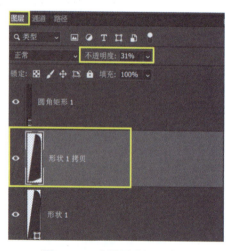

图2-4-10　为投影增加层次感

步骤7：按Ctrl+鼠标单击"形状1拷贝"图层，调出形状选区，按Shift+F6打开羽化面板，调整该选区羽化值为20像素，按Ctrl+Shift+I执行反选，按退格键删除反选区域，柔化投影边缘，选择【移动工具】，往右边拖动"形状1拷贝"图层，令该图层与"形状1"图层有错位，如图2-4-11所示。

图2-4-11　柔化投影边缘

步骤8：选择"空调"图层，按Ctrl+J组合键执行图层拷贝新建命令，按Ctrl+T打开【变换工具】，单击鼠标右键执行【垂直翻转】，如图2-4-12所示。

图2-4-12　制作"空调"倒影

步骤9：选择【移动工具】，在图层面板中，将"空调拷贝"图层移动到"空调"图层下方。移动空调倒影至空调下方，单击鼠标右键，执行【变形】命令，调整倒影至合适形状，如图2-4-13所示。

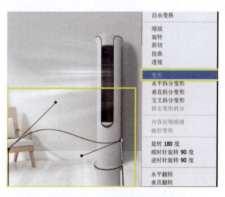

图2-4-13　调整倒影形状

步骤10：单击图层面板下方"添加图层蒙版"按钮，为"空调拷贝"图层添加图层蒙。选择【渐变工具】，再由下往上做出黑白渐变，为倒影制作渐隐效果。调整图层不透明度为50%，效果如图2-4-14所示。

图2-4-14　为倒影制作渐隐效果

步骤11：选择菜单栏中【滤镜】—【模糊】—【高斯模糊】，打开高斯模糊面板，将【模糊半径】改为3像素，让倒影呈现柔化边缘，使得倒影效果更加真实，效果如图2-4-15所示。

图2-4-15　制作柔化边缘倒影

步骤12：按Alt+F+L组合键执行置入嵌入对象命令，在合适的位置置入"树叶.png"素材，按回车键确定，效果如图2-4-16所示。

图2-4-16　置入"树叶"素材

步骤13：按Alt+F+L组合键执行置入嵌入对象命令，在合适的位置置入"主题.png"素材，按回车键确定，效果如图2-4-17所示。

图2-4-17　置入"主题"素材

四、应用实操

1.举一反三

黄鑫童接到任务要为新品蓝牙音响制作一张主图，打造一张高质量的产品主图，为店铺引流，效果如图2-4-18所示。

2.实操要求

①制作的主图的尺寸要符合天猫平台的要求。

②添加的产品阴影要精益求精，要能与场景图的光影相匹配。

③设计素材详见"素材"文件夹。

图2-4-18　蓝牙音响主图效果图

五、任务评价

	任务理解能力	光影搭配效果	排版布局效果	整体完成度
读者自评	□优秀	□优秀	□优秀	□优秀
	□良好	□良好	□良好	□良好
	□合格	□合格	□合格	□合格
小组评价	□优秀	□优秀	□优秀	□优秀
	□良好	□良好	□良好	□良好
	□合格	□合格	□合格	□合格
教师评价	□优秀	□优秀	□优秀	□优秀
	□良好	□良好	□良好	□良好
	□合格	□合格	□合格	□合格
企业评价	□优秀	□优秀	□优秀	□优秀
	□良好	□良好	□良好	□良好
	□合格	□合格	□合格	□合格

【案例拓展】

图2-4-19

图2-4-19是春茶详情页的头图，该图色彩设计上采用符合春茶产品的绿色调，运用了钢笔工具抠图、透明产品抠图、阴影制作等基本技能，制作出突出春茶新品特征的国风详情页头图。

设计亮点：

①在颜色的选择上，由于春茶本身的颜色以草绿色为主，因此在头图的设计中，背景以低饱和度的淡绿色作为主色调，并适当地增加红色印章作为互补色，增加了写意的山水和祥云纹理元素，既烘托春茶本身特有的鲜嫩，又使头图的整体效果更和谐、统一、有意境。

②在结构布局上，头图展示的商品一目了然，采用上下结构、主次分明，文字与背景对比度强，突出"春茶上新"的主题。

③在元素的运用上，融入了传统纹理、印章、山水画、祥云、田字格字体等中华传统元素，以中国元素来突出中国茶文化。

④在文案的设计上，通过古风字体与现代字体相结合的形式，体现传统茶工艺与现代茶工艺的传承与创新。

⑤制作技巧上，熟悉掌握钢笔工具及透明产品抠图技巧，会运用蒙版进行抠取玻璃杯，会制作并调节杯子等的阴影效果。

●【小组讨论】

请以小组为单位，讨论作为视觉设计师还需要掌握哪些图片处理技能？如何提升相关技能？

●【项目小结】

本项目通过电商服务商的视觉设计师外派培训新人基本功的各项目的视觉设计，讲述了网店视觉设计师必备的几项基本技能，包括为产品修图、抠图调色、添加阴影等。贯穿网店中的海报、广告、主图等的设计，引导读者注重美工基础，追求匠心精神。另外通过4个应用实操评价和案例拓展分析，让读者掌握Photoshop图片处理的基本技能并能运用到网店视觉设计上。

【课后练习】

一、单选题

1.将产品图修改成800×800像素的店铺主图，选用哪个方法最方便快捷（   ）。

A.框选出800×800像素的选区　　　　　　　B.裁剪工具，设置裁剪尺寸进行裁剪

C.执行图像—图像大小命令　　　　　　　　D.执行图像—裁切命令

2.（   ）单击鼠标左键选取要修复的选区，拖动选区至目标选区，可修复图片。

A.修补工具　　　　　　　　　　　　　　　B.修复画笔工具

C.污点修复画笔工具　　　　　　　　　　　D.仿制图章工具

3.抠取边缘由曲线、直线交替的产品，可用（   ）。

A.魔棒工具　　　　B.多边形套索工具　　　C.快速选择工具　　　D.钢笔工具

4.抠取没有投影、纯色背景的产品，可用（   ）。

A.魔棒工具　　　　　B.多边形套索工具　　　C.快速选择工具　　　D.钢笔工具

5.（   ）不可调整曝光过度的产品图。

A.亮度　　　　　　　B.曝光度　　　　　　　C.色相　　　　　　　D.色阶

6.（   ）可调整产品图的高光区、中间调区和暗调区，也可以调整图像的对比度。

A.对比度　　　　B.色阶　　　　　　　C.曝光度　　　　　　D.曲线

7.（   ）命令不能为产品换色。

A.可选颜色　　　　B.色相、饱和度　　　C.替换颜色　　　　D.自然饱和度

8.（   ）具有色阶、阈值、亮度/对比度等多个命令的功能。

A.曝光度　　　　　B.曲线　　　　　　　C.色相　　　　　　　D.色阶

9.为什么要给产品添加阴影？（   ）。

A.增加产品光感　　　　　　　　　　　　　B.塑造产品形状

C.提高产品信服度　　　　　　　　　　　　D.提高产品价格

10.为产品添加（   ）能突出产品质感。

A.倒影　　　　　　　　　　　　　　　　　B.投射阴影

C.接触阴影　　　　　　　　　　　　　　　D.柔和阴影

二、多选题

1.裁剪并更改产品图尺寸有几种方法（   ）。

A.选区　　　　　　　　　　　　　　　　　B.裁剪工具

C.修改命令　　　　　　　　　　　　　　　D.执行图像大小命令

2.快速修图技巧可用（   ）。

A.修复画笔工具　　　　　　　　　　　　　B.修补工具

C.仿制图章工具　　　　　　　　　　　　　D.污点修复画笔工具

3.纯色背景抠图方式一般选择（　　　）。

A.魔棒工具　　　　　　　　　　　　B.快速选择工具

C.对象选择工具　　　　　　　　　　D.套索工具

4.规则产品抠图可用（　　　）。

A.椭圆选框工具　　　　　　　　　　B.矩形选框工具

C.魔棒工具　　　　　　　　　　　　D.多边形套索工具

5.常见商品阴影效果有（　　　）。

A. 接触阴影　　　B. 柔和阴影　　　　C. 投射阴影　　　D.倒影

习题答案

项目三
视觉营销设计首页篇

【职场场景训练】

  党的二十大报告提出，要增强中华文明传播力、影响力，坚守中华文化立场，讲好中国故事，传播好中国声音，展现可信、可爱、可敬的中国形象，推动中华文化更好地走向世界。我国某电商平台为了迎接中国传统农历新年的到来，也为了方便消费者在平台上置办各种年货，特在平台上推出了"年货节"大促活动，要求平台上符合条件的商家踊跃参与，商家则希望通过参与"年货节"活动来带动店铺流量和宝贝点击量，从而提高店铺知名度。

  "威拓"是一家专注于箱包设计及生产的企业。为了迎接平台"年货节"的到来，视觉设计组接到公司任务，要为企业店铺设计一个"迎新纳福"的春节主题首页，不仅要展示企业特色产品，传递促销信息，还要体现"备年货、迎新年、闹新春"等欢乐祥和的视觉氛围。

  作为视觉设计团队的一员，晓芸将与同事们一起探讨"年货节"网店首页视觉营销设计方案，包括店招与导航条、轮播海报、优惠券及商品陈列区四大板块的内容规划和视觉设计。

【项目学习目标】

1. 知识目标

（1）了解优秀网店首页的基本特征；

（2）掌握不同网店发展时期的首页布局；

（3）掌握传统节日主题的视觉设计要求。

2. 技能目标

（1）掌握店招与导航条、轮播海报、优惠券及商品陈列区的设计规范；

（2）能够根据公司的发展定位做好首页布局规划；

（3）能够根据公司促销主题完成配色、视觉元素和文案设计。

3. 素质目标

（1）培养网店首页的整体规划和设计能力，提升审美素养；

（2）理解传统文化与电商促销的有机结合，提高文化自信；

（3）明确电商视觉营销设计岗位的技能要求，增强职场信心。

【技能提升图谱】

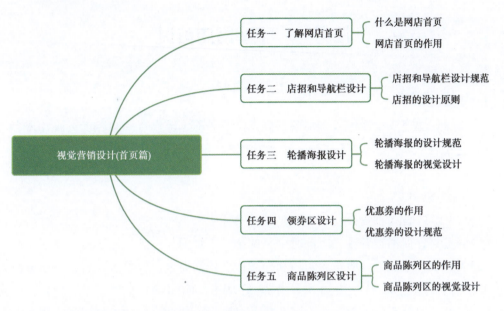

视觉营销设计(首页篇)

任务一　了解网店首页
　　什么是网店首页
　　网店首页的作用

任务二　店招和导航栏设计
　　店招和导航栏设计规范
　　店招的设计原则

任务三　轮播海报设计
　　轮播海报的设计规范
　　轮播海报的视觉设计

任务四　领券区设计
　　优惠券的作用
　　优惠券的设计规范

任务五　商品陈列区设计
　　商品陈列区的作用
　　商品陈列区的视觉设计

【学习成果展示】

任务一　了解网店首页

一、情境导入

为了更好地完成设计任务，晓芸打算先学习目前比较流行的网店首页设计理念，同时通过其他优秀企业的首页设计案例来为自己提供一些设计思路。

二、知识解析

（一）什么是网店首页

网店首页，即消费者进入店铺所浏览的第一个页面，也是彰显店铺整体形象的窗口。网店首页自上而下一般包含店招和导航栏、轮播海报、领券区、商品陈列区四大板块，如图3-1-1所示。好比逛商店，首先通过店铺的招牌了解店铺的主营类目，进入商店后的第一眼就是关于商店近期的热推商品广告，接着了解商店的打折促销活动，最后有目的地进入各商品陈列区选购商品。"逛商店"的体验直接影响最终的购买决策以及复购率，甚至能直接影响店铺品牌在顾客心中的印象。

图3-1-1　片仔癀首页

知识拓展

经过大数据研究，人们在浏览首页的时候，注意力一般集中在前三屏，越到下面注意力越分散，因此在设计首页时必须把握好"黄金三屏"，也就是把店铺中最想让消费者了解的信息和主推的商品安排在前三屏。

（二）网店首页的作用

1.展示网店品牌形象

首页是综合展示网店形象的窗口，为了突出网店的形象，设计人员会根据品牌调性合理规划首页的设计，把品牌形象、品牌文化、经营理念、设计风格等信息准确传达给消费者，让网店形象深入人心。如图3-1-2所示，该网店在首页第一屏的位置采用了大量的中国红元素，其中"让世界爱上中国造""掌握核心科技"等Slogan以及世界五百强标识都展示了该品牌的技术实力和品牌形象。

图3-1-2　展示网店品牌形象

2.传达网店活动信息

网店首页是消费者停留时间最长的页面，也是网店活动信息最集中的页面。网店首页一般在店招、轮播海报、活动区等醒目的位置传达店铺近期的活动主题、促销内容和主推商品等，目的是让消费者在进入店铺首页的时候能第一时间关注到店铺的活动信息，从而迅速提高关注度和激发购买欲望。如图3-1-3所示，该网店在首页焦点海报处展示了最新的活动信息。

图3-1-3　首页活动展示

3.有助于提升消费者的购物体验

优秀的网店首页通过美观独特的视觉风格来加深顾客对店铺的印象，通过新奇有趣的营销文案来吸引顾客的眼球，通过科学合理的产品陈列来提高消费者的购买欲望。总之，通过首页这个窗口，商家可以通过视觉这种无声的语言不断向顾客传达产品信息、服务理念和品牌文化，不断提升消费者的购物体验，进而提高页面访问深度和转化率。

三、应用实操

1.举一反三

学习完有关首页的基础知识后，设计组安排晓芸收集有关该类目排名Top10的商家首页视觉设计图，希望通过对其他商家首页设计的学习和分析，为公司接下来的首页设计提供一些借鉴。作为新手的晓芸也希望通过这个任务来验证所学的知识，同时也从优秀的设计案例中吸取一些好的设计思路。

2.实操要求

①在天猫平台上搜索有关箱包的卖家，并找到排名Top10的商家。

②结合这些商家首页设计进行分析，分别对应表格的内容进行信息录入。

	店铺 1	店铺 2	店铺 3	店铺 4	…
首页是否能够展示品牌形象	□是　□否	□是　□否	□是　□否	□是　□否	…
首页是否传达网店活动信息	□是　□否	□是　□否	□是　□否	□是　□否	…
浏览体验	□好　□一般	□好　□一般	□好　□一般	□好　□一般	…
有哪些值得借鉴的地方					

四、任务评价

	任务理解能力	任务完成能力	独立思考能力	整体完成度
读者自评	□优秀	□优秀	□优秀	□优秀
	□良好	□良好	□良好	□良好
	□合格	□合格	□合格	□合格
小组评价	□优秀	□优秀	□优秀	□优秀
	□良好	□良好	□良好	□良好
	□合格	□合格	□合格	□合格
教师评价	□优秀	□优秀	□优秀	□优秀
	□良好	□良好	□良好	□良好
	□合格	□合格	□合格	□合格
企业评价	□优秀	□优秀	□优秀	□优秀
	□良好	□良好	□良好	□良好
	□合格	□合格	□合格	□合格

任务二　店招和导航栏设计

一、情境导入

接到任务后，晓芸所在的视觉设计团队计划在店招的设计上体现春节吉祥、和谐、喜庆的氛围。首先在颜色的选择上需要适当添加寓意欢乐喜庆的中国红作为点缀色，在内容布局上，要求增加红色限定款拉杆箱作为店铺年货节热推新款，同时还需增加有关年终促销的活动内容，方便消费者第一时间了解店铺活动情况，快速选购商品。

二、知识解析

（一）店招和导航栏设计规范

店招位于店铺首页的顶端，是消费者进入店铺后看到的第一个模块，也是打造店铺品牌的关键。为了打造更为大气的页头，在店铺装修时，一般会将店招制作成通栏的样式，既通栏店招，也称全屏店招。

通栏店招主要由店招主体、导航栏和页头背景3部分构成，整体尺寸为1920像素×150像素，如图3-2-1所示。

①店招主体的尺寸为950×120像素（以淘宝为例），主要用于展示店铺Logo、名称、销售内容、促销与活动等一系列信息。

②导航栏位于店招的下方，尺寸为950×30像素，主要起到提供网店主营类目导航的功能，点击时即可快速跳转至相应页面。

③页头背景在店招的左右两侧，宽度为485像素，该区域一般不包含重要内容，只作为店招主体在视觉上的延伸。另外值得注意的是，在制作店招的过程中应该严格按照所规定的尺寸要求进行设计，否则在装修完毕发布后，淘宝或天猫店铺页面将不显示超出的部分。

图3-2-1　店招各部分

知识拓展

淘宝和天猫在店招的尺寸要求上有所不同，天猫店的店招主体尺寸为990×150像素，除此之外，导航栏和通栏店招的尺寸均和淘宝店一致。

（二）店招的设计原则

店招除了展示基本的店铺Logo、名称之外，还可以添加品牌宣传语、活动信息、收藏按钮、店内搜索栏、移动端二维码等元素，力求利用有限的空间传递出更多的店铺信息，以刺激消费者的购买欲望。但要注意这些元素的组合不宜铺满整个店招，因为足够的留白空间有利于打造视觉重心，让设计元素发挥最大的效能，如图3-2-2所示。

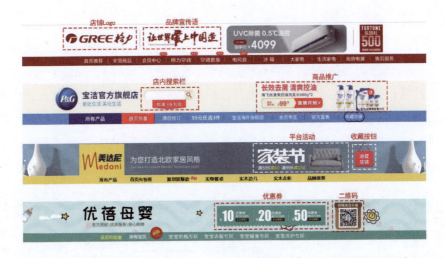

图3-2-2　店招中的元素

为了推广店铺和树立品牌形象，在设计店招时需要遵循一定的设计原则。

1.商品定位一目了然

在设计店招的时候，首先需要把主营类目和商品定位清晰展示在店招之上，如图3-2-3所示，这家店铺左侧的Logo和店名均有猫的元素，右侧放置的猫粮可以突出店铺主营的商品是和猫有关的食物，这样的店招设计能让顾客一眼便能抓住店铺的信息，也有助于快速地吸引目标人群。

2.版面设计简洁统一

店招要有简洁统一的版面设计，搭配合理的颜色、元素和字体，同时，店招的设计要和导航栏保持风格统一，利用相同或相近的色彩、相同风格的修饰元素等来营造视觉的一致性。总的来说，店招的整体画面须具备较好的视觉冲击力，能清晰地将店铺和商品信息清晰传达给顾客。通过确定店招的风格，还可以对店铺的整体风格进行定位。

3.设计风格符合店铺品牌形象

店招的设计体现了店铺的整体形象，也代表着店铺文化和经营理念，因此在设计上要契合店铺品牌形象，注重个性化，让店招与众不同，在符合店铺整体风格的基础上，使用流行的颜色、考究的字体、独特的品牌联想物形象，这样有助于店铺品牌信息迅速传达，并加深消费者对店铺的记忆。

图3-2-3 猫粮店招

三、任务实施

经过讨论，设计团队决定制作一款以促销活动为主的店招和导航栏，用以展示店铺品牌形象、活动和商品信息等内容。Logo是展示店铺品牌形象的第一步，因此可以结合主营商品拉杆箱的卖点，将品牌名称制作成为寓意坚固、耐用的盾牌样式；活动区中关于"新年限定"的文本采用毛笔字体，进一步烘托新年节日气氛；再搭配具有红色元素的主推商品、优惠券，以及根据商品分类制作完成导航栏，最终效果如图3-2-4所示。

图3-2-4 店招效果图

步骤1：按Ctrl+N组合键执行新建文件命令，新建【宽度】为1920像素，【高度】为150像素的画布。

步骤2：选择工具箱中的【矩形工具】 ，在选项栏中将【填充】改为渐变填充，在渐变编辑器中将【颜色】改为黄色（＃ffc600）-浅黄色（＃ffd482）-黄色（＃ffc600）的渐变，再将【渐变角度】改为168度，如图3-2-5所示，然后沿着画布大小绘制一个矩形，如图3-2-6所示。

图3-2-5 设置渐变色背景

图3-2-6　渐变色背景效果

步骤3：选择工具箱中的【矩形工具】，在选项栏中将【填充】改为深褐色（#4a020f），在画布上合适的位置绘制一个【宽度】为1920像素，【高度】为30像素的矩形，如图3-2-7所示。

图3-2-7　添加导航栏

步骤4：选择工具箱中的【选框工具】，在选项栏中将【样式】改为固定大小，再把【宽度】改为485像素，在画布的左侧单击创建选区。按Ctrl+R组合键显示标尺，从左侧的标尺上拖动参考线，使之与选区的右侧对齐，如图3-2-8所示，使用相同的方法在右侧创建参考线。

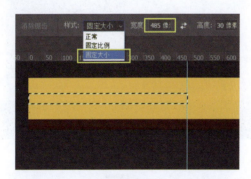

图3-2-8　确定页头区域，添加参考线

步骤5：选择工具箱中的【文字工具】，在选项栏中将【字体】改为庞门正道标题体，颜色改为深褐色（#4a020f），在合适的位置添加文本，选中所有文字图层，按Ctrl+E组合键执行图层合并命令，然后选择合并后的图层，按Ctrl+T组合键执行自由变换命令，在画布上单击鼠标右键，选择变形，如图3-2-9所示。在选项栏中将【变形】改为上弧，完成后效果如图3-2-10所示。

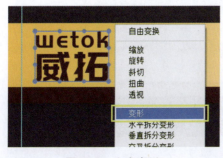

图3-2-9　文字变形

图3-2-10　设置上弧效果

步骤6：按Alt+F+L组合键执行置入嵌入对象命令，在合适的位置置入"红色拉杆箱.png"和"优惠券.png"素材，如图3-2-11所示。

图3-2-11　置入素材

步骤7：选择工具箱中的【矩形工具】██，在选项栏中将【填充】改为无，【描边】改为红色（＃9b021c），【描边宽度】改为3像素，在合适的位置绘制一个矩形框。用同样的方法在矩形框的右上角绘制一个红色实心矩形色块，如图3-2-12所示。

图3-2-12　绘制形状

步骤8：选择工具箱中的【文字工具】██，在选项栏中将【字体】改为庞门正道粗书体，颜色改为红色（#9b021c），在合适的位置添加"新年限定"文本。将【字体】改为思源黑体，在合适的位置添加"中国红系列"文本和活动时间，如图3-2-13所示。

图3-2-13　添加文字

步骤9：选择工具箱中的【文字工具】 T，在选项栏中将【字体】改为思源黑体，颜色改为深褐色（#4a020f），在合适的位置添加文本并设置斜切效果，如图3-2-14所示。完成后最终效果如图3-2-14所示。

图3-2-14　添加文字

步骤10：选择工具箱中的【文字工具】 T，在选项栏中将【字体】改为思源黑体，颜色改为米黄色（#fff3a6），在导航区添加文本，完成后最终效果如图3-2-15所示。

图3-2-15　最终效果

四、应用实操

1.举一反三

"依美"女装是一家刚成立不久的服装网店，主营商品有毛衣、连衣裙、夹克、卫衣、配饰等。为了提高整体店铺的品牌影响力，着力宣传店铺品牌及产品设计理念，"伊美"女装店计划对店招进行重新设计，打造成为一个以品牌宣传为主的通栏店招。

2.实操要求

①制作的通栏店招的尺寸要符合天猫平台的要求。

②在色彩搭配上，以白色作为主色调，搭配上新颖的视觉元素，营造简约、清新的视觉效果。

③在功能上，增加搜索框和关注按钮，方便顾客浏览商品、及时了解店铺信息。

④在品牌宣传上，要求增加店铺Slogan和品牌故事，引导顾客了解品牌，关注品牌。

⑤在区域设置上，要求体现网店商品类目和促销方案，帮助顾客快速了解网店定位，提高转化率。

五、任务评价

	任务理解能力	颜色搭配效果	排版布局效果	整体完成度
读者自评	□优秀	□优秀	□优秀	□优秀
	□良好	□良好	□良好	□良好
	□合格	□合格	□合格	□合格
小组评价	□优秀	□优秀	□优秀	□优秀
	□良好	□良好	□良好	□良好
	□合格	□合格	□合格	□合格
教师评价	□优秀	□优秀	□优秀	□优秀
	□良好	□良好	□良好	□良好
	□合格	□合格	□合格	□合格
企业评价	□优秀	□优秀	□优秀	□优秀
	□良好	□良好	□良好	□良好
	□合格	□合格	□合格	□合格

轮播海报设计

任务三　轮播海报设计

一、情境导入

完成店招的设计之后，视觉设计团队根据公司运营部门指定的活动内容和主推产品，计划在店招的下方设置两张轮播海报。第一张海报为新品首发海报，内容是该品牌在新年特别推出的红色限定款拉杆箱；另一张是店内销售排名Top3的牛皮手袋推广海报。

二、知识解析

（一）轮播海报的设计规范

轮播海报一般位于店招的下方，主要展示店铺主推商品、店铺活动及商品优惠信息等，是吸引顾客的重要营销手段之一，在设计轮播海报时要遵循一定的设计规范。

①常规的轮播海报宽度为950像素（以淘宝为例），通栏轮播海报的宽为1920像素，轮播海报的高度一般在400~800像素效果较好。在有多张轮播海报的情况下，必须保证海报的尺寸彼此一致，以免影响轮播效果。

②如果设计成通栏轮播海报，则要在海报两侧各预留360像素宽的区域不放任何重要内容，以防电脑显示器大小的原因而造成海报内容显示不全。

③轮播海报的设置最多不超过五张，因为过多的轮播海报会影响页面的加载速度，造成卡顿、不流畅等现象，也容易分散消费者的注意力，使消费者产生视觉疲劳。同时每张海报的轮播间隔不宜过短，要让消费者看清每张海报的主题内容。

> 知识拓展
>
> 淘宝和天猫在常规轮播海报的尺寸要求上有所不同，天猫店的常规轮播海报宽度为990像素，除此之外，通栏轮播海报的宽以及轮播海报的高度要求均和淘宝店一致。

（二）轮播海报的视觉设计

1.海报主题的确定

（1）活动型海报的设计思路

活动型海报一般会将活动主题置于海报中较为显眼的位置，多以中心布局为主。标题文案通常以放大、加粗、描边、颜色强弱等形式出现，起到增强视觉冲击的作用。在活动型海报的设计当中，当然还免不了关于"全场满减""买赠""前200名赠送"等销售话术，让消费者保持一种紧迫感，从而增加海报点击率。除了主题和文案的设计之外，还可以适当增加与活动主题相呼应的图案元素。例如，中秋节促销海报，可以增加"灯笼""月饼""兔子"等元素，如图3-3-1所示。

图3-3-1　活动型海报

（2）品牌宣传型海报的设计思路

在进行品牌宣传型海报的设计时，通常会在海报中植入品牌的Logo、品牌文化和理念，还可以搭配体现品牌调性的颜色和模特，目的是展示企业品牌形象、品牌精神和品牌个性，使消费者对品牌产生好感、信任甚至崇拜。例如，李宁的品牌宣传海报，用品牌自身标志性的红色作为主色调，同时采用爆发力十足的运动员来凸显品牌的运动基因，如图3-3-2所示。

图3-3-2　品牌宣传型海报

（3）产品推广型海报的设计思路

产品推广型海报的核心在于产品，一般为店铺的主推产品或活动产品，设计的时候应根据产品的不同类型设计与之相应的推广文案。

主推产品的海报设计应重点突出产品的功能或设计亮点，如美妆产品采用何种保湿配方，电子产品使用何种技术或硬件等。同时还可以体现该产品对比竞品的优势部分，给消费者营造一个"好"的产品概念，如图3-3-3所示。

图3-3-3　主推产品海报

活动产品的海报设计应清晰准确地向买家传达产品信息和促销活动情况，如降价促销、满减优惠、限时折扣等，给消费者营造"实惠""超值""划算"的内心感受。同时也可以通过附属品的赠送来进一步凸显活动商品的利益点，例如，买电视赠送视频会员，买剃须刀送刀片等，如图3-3-4所示。

图3-3-4　活动产品海报

2.轮播海报的设计流程

（1）目标人群分析

首先要分析广告投放的主要目标人群，了解他们的年龄、收入、性别、浏览习惯等，因为不同类型的人群画像决定了设计时应采用哪种色彩、哪类文案风格或者哪些能引发注意的点。

（2）产品分析

提炼产品的优势，包括设计、功能和价值。分析产品图片应该以什么角度或者风格去呈现、哪项功能最能打动消费者的痛点，以及应该用什么样的文案来引起消费者的共鸣。

（3）视觉呈现

最后结合海报的主题内容、受众特征、产品卖点，形成海报创意概念，并把这个概念视觉化。在视觉设计的过程中，还应该根据海报的主题场景收集合适的素材，如背景素材、场景素材、标签、字体等，充足且优质的素材可以起到事半功倍的效果。

三、任务实施

接下来，晓芸开始准备新品首发海报的视觉设计。由于给定的商品为红色的限定拉杆箱，因此她选择以渐变的红色作为背景主色调，以更好地衬托产品的色彩，营造视觉的一致性，同时又呼应了年货节主题，再搭配上若干关于春节的特定元素、产品卖点以及新品首发的相关文案，最终效果如图3-3-5所示。

图3-3-5 轮播海报

步骤1：按Ctrl+N组合键执行新建文件命令，新建【宽度】为1920像素，【高度】为700像素的画布。

步骤2：选择工具箱中的【矩形工具】 ，在选项栏中将【填充】改为渐变填充，在渐变编辑器中将【颜色】改为红色（# b62121）-深红色（# 730b0b）的渐变，再将【渐变角度】改为135度，如图3-3-6所示。然后沿着画布大小绘制一个矩形，如图3-3-7所示。

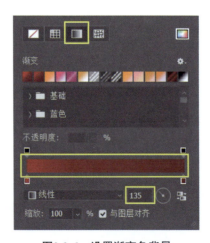

图3-3-6 设置渐变色背景

图3-3-7　渐变色背景效果

步骤3：选择工具箱中的【选框工具】 ，在选项栏中将【样式】改为固定大小，再把【宽度】改为360像素，在画布的左侧单击创建选区。按Ctrl+R组合键显示标尺，从左侧的标尺上拖动参考线，使之与选区的右侧对齐，如图3-3-8所示，使用相同的方法在右侧创建参考线。

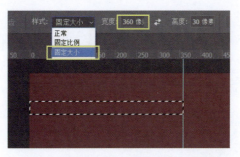

图3-3-8　确定页头区域并添加参考线

步骤4：选择工具箱中的【椭圆工具】 ，在选项栏中将【填充】改为渐变填充，在渐变编辑器中将【颜色】改为浅红色（# ac3a3a）-深红色（# 8c0303）的渐变，再将【渐变角度】改为19度，参数设置如图3-3-9所示，在合适的位置绘制一个椭圆形。

图3-3-9　绘制渐变椭圆形

步骤5：双击椭圆形所在图层，进入图层样式面板，勾选【斜面和浮雕】选项卡，参数设置如图3-3-10所示，完成后效果如图3-3-11所示。

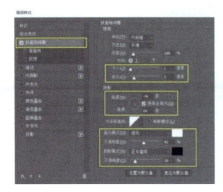

图3-3-10　设置椭圆形图层样式

图3-3-11　椭圆形图层样式效果

步骤6：选择工具箱中的【矩形工具】，在选项栏中将【填充】改为渐变填充，在渐变编辑器中将【颜色】改为深红色（#390101）-浅红色（#880606）-深红色（#4c0101）-浅红色（#880606）-深红色（#510202）的渐变，再将【渐变角度】改为0度，参数设置如图3-3-12所示，在合适的位置绘制一个矩形，并将矩形所在图层置于椭圆形所在图层的下方，制作完成红色展台，效果如图3-3-13所示。

图3-3-12　绘制渐变矩形

图3-3-13　红色展台效果图

步骤7：复制红色展台并进行等比例缩小，形成组合展台，效果如图3-3-14所示。

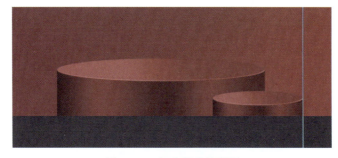

图3-3-14　组合展台效果图

步骤8：按Alt+F+L组合键执行置入嵌入对象命令，在合适的位置置入"屏风.png"和"红色拉杆箱.png"素材，如图3-3-15所示。

图3-3-15　置入素材

步骤9：在拉杆箱所在图层的下方新建一个空白图层，选择工具箱中的【画笔工具】，将画笔颜色改为黑色，在选项栏中将【画笔预设】改为柔边圆并适当调整【画笔大小】，降低【不透明度】，在拉杆箱的下方绘制阴影，效果如图3-3-16所示。

图3-3-16　添加产品阴影

步骤10：选择工具箱中的【文字工具】 T ，在选项栏中将【字体】改为优设标题黑，在合适的位置添加"新年限定"文本。按Alt+F+L组合键执行置入嵌入对象命令，在文字图层上方置入"金色背景.png"，如图3-3-17所示。选中金色背景所在图层，单击鼠标右键，选择【创建剪贴蒙版】，完成后效果如图3-3-18所示。

图3-3-17　置入素材　　　　　　　　　　　　图3-3-18　文案效果

步骤11：选择工具箱中的【圆角矩形工具】 ，在选项栏中将【填充】改为黄色（＃fad76e），【半径】改为10像素，在合适的位置绘制一个圆角矩形。选择工具箱中的【文字工具】 **T**，在选项栏中将【字体】改为思源黑体，【颜色】改为红色，在合适的位置添加文案，效果如图3-3-19所示。

图3-3-19　文案效果

步骤12：选择工具箱中的【文字工具】 **T**，在选项栏中将【字体】改为思源黑体，在合适的位置添加文案，完成后效果如图3-3-20所示。

图3-3-20　最终效果

四、应用实操

1.举一反三

"威拓"公司计划在年货节活动期间将店里销售排名Top3的牛皮手袋作为活动款，目的是冲销量，同时也为店铺带来更多的人气。因此要在轮播海报区设计一张关于牛皮手袋的推广促销海报，海报文案、商品图片及设计素材详见"素材"文件夹。

2.实操要求

①轮播海报尺寸为1920×670像素。

②在配色上，以暖色调作为主色调，对比色作为辅色调，并合理搭配所给的商品图片和设计素材，营造简约、清新的视觉效果。

③在版面布局上，采取左产品右文案的布局方式。

④在文案设计上，区分主次标题，重点突出活动主题和消费者权益。

五、任务评价

	任务理解能力	颜色搭配效果	排版布局效果	整体完成度
读者 自评	□优秀	□优秀	□优秀	□优秀
	□良好	□良好	□良好	□良好
	□合格	□合格	□合格	□合格
小组 评价	□优秀	□优秀	□优秀	□优秀
	□良好	□良好	□良好	□良好
	□合格	□合格	□合格	□合格
教师 评价	□优秀	□优秀	□优秀	□优秀
	□良好	□良好	□良好	□良好
	□合格	□合格	□合格	□合格
企业 评价	□优秀	□优秀	□优秀	□优秀
	□良好	□良好	□良好	□良好
	□合格	□合格	□合格	□合格

任务四　领券区设计

一、情境导入

根据平台活动主题以及店铺活动力度，"威拓"公司决定推出全场满减优惠活动，以吸引消费者领券购物。因此要求视觉设计部门将满减优惠的内容设计成优惠券的形式让消费者点击领取，分别是满199减20、满299减30、满399减40。

二、知识解析

（一）优惠券的作用

优惠券常见于平台促销和店铺活动促销，它的作用是通过一些优惠活动，如打折、满减、满送等，激起买家的购买欲望，引导买家冲动消费。优惠券在设计上除了要注意颜色的搭配外，还要着重突出优惠的金额以及活动的规则。此外，优惠券还可以根据店铺的装修风格、产品的类型特征等设计成多种样式，如图3-4-1所示。

图3-4-1　设计各异的优惠券

（二）优惠券的设计规范

优惠券在首页中展示的篇幅有限，一般只体现优惠的金额和使用门槛，但一张完整的优惠券还应该对领取和使用等方面有着更为详细的说明或条件限制，如优惠券的使用条件、使用时间限制、使用张数等。这部分信息只会在消费者点击领取后才会弹窗显示。

1.优惠券的使用条件

在设计优惠券的时候应该根据平台规定或店铺的优惠策略，除了注明优惠券的使用金额外，还可以注明优惠券适用于某类活动，以及明确优惠券是全场通用券还是规定购买某种特定品类或商品时才能使用。

2.优惠券的使用时间限制

领优惠券是在特定活动下商家推出的一种营销手段，因此优惠券的使用限期或有效时间必须详加注明。时间的限制能够给消费者带来紧张感以及害怕失去优惠的不安心理，从而有助于促进首页的转化率。

3.优惠券的使用张数限制

优惠券的使用规则往往是消费者最为关心的地方，这涉及优惠的本身是否能被叠加放大。因此在设计优惠券的时候应注明优惠券是否能叠加使用，能叠加的话还要注明叠加门槛，否则就容易误导消费者。

三、任务实施

为了迎合品牌简约时尚的设计理念，晓芸开始着手设计一款线条简约，与首页设计风格相呼应的优惠券。主体颜色选择喜庆的红色调，搭配中国传统边框元素和醒目的数字金额，同时注明优惠券的使用条件，最后增加点击按钮，引导消费者点击领券，效果如图3-4-2所示。

图3-4-2　最终效果

步骤1：按Ctrl+N组合键执行新建文件命令，新建【宽度】为1920像素，【高度】为840像素的画布，并将画布填充为米黄色（# fcebd6）。

步骤2：按Alt+F+L组合键执行置入嵌入对象命令，在合适的位置置入"复古金边边框.png"，双击该素材所在图层进入【图层样式】，选择【投影】，为图像适当增加投影，效果如图3-4-3所示。

图3-4-3　置入素材并添加投影

步骤3：选择工具箱中的【横排文字工具】 T ，在选项栏中将【字体】改为庞门正道粗书体，【颜色】改为金色（#fad76e），在合适的位置添加文字，如图3-4-4所示。

图3-4-4　文案效果

步骤4：选择工具箱中的【矩形工具】 ▢ ，在选项栏中将【填充】改为红色（#9b021c），在画布中绘制一个矩形。按Alt+F+L组合键执行置入嵌入对象命令，在合适的位置置入"中国传统装饰边框"，如图3-4-5所示。

图3-4-5　绘制矩形并置入素材

步骤5：选择工具箱中的【横排文字工具】 T ，在合适的位置添加文字。再选择工具箱中的【圆角矩形工具】 ▢ ，在选项栏中将【填充】改为米黄色（# f9dcaa），【半径】改为30像素，在合适的位置绘制一个圆角矩形，完成后效果如图3-4-6所示。

图3-4-6　优惠券效果

步骤6：同时选中所有优惠券图层，按Ctrl+G组合键执行创建组命令，然后依次复制并移动组，得到另外两张优惠券，并在优惠券之间添加竖线进行分割，完成后效果如图3-4-7所示。

图3-4-7　最终效果

四、应用实操

1.举一反三

为了吸引点击，也为了提升店铺首页的视觉效果，视觉设计小组计划设计两套风格各异的优惠券并进行不定期轮换。

2.实操要求

分别设计并制作完成邮票样式优惠券和红包样式优惠券。

五、任务评价

	任务理解能力	颜色搭配效果	排版布局效果	整体完成度
读者自评	□优秀	□优秀	□优秀	□优秀
	□良好	□良好	□良好	□良好
	□合格	□合格	□合格	□合格
小组评价	□优秀	□优秀	□优秀	□优秀
	□良好	□良好	□良好	□良好
	□合格	□合格	□合格	□合格
教师评价	□优秀	□优秀	□优秀	□优秀
	□良好	□良好	□良好	□良好
	□合格	□合格	□合格	□合格
企业评价	□优秀	□优秀	□优秀	□优秀
	□良好	□良好	□良好	□良好
	□合格	□合格	□合格	□合格

商品陈列区
设计

任务五　商品陈列区设计

一、情境导入

　　"威拓"公司计划在商品陈列区设置"掌柜推荐"板块，用以推广店铺几款人气较高的单品，如女士双肩包、手提包、电脑包、拉杆箱和钱包等。但又考虑到首页"黄金三屏"的设计原则，因此要求视觉设计部门将双肩包和手提包两款商品进行单独展示，把电脑包、拉杆箱和钱包这几款产品做成商品导航的形式进行分页浏览。

二、知识解析

（一）商品陈列区的作用

1.强化品牌形象

　　商品陈列区通过丰富多彩的商品种类、明显顺畅的购物动线、与顾客关注点相呼应的商品陈列等，可以给顾客留下专业的形象，在营造愉悦的浏览体验的同时，强化顾客头脑中对品牌形象的记忆。

2.唤起购买需求

　　商品陈列区一般位于领券区之后，通过统一标准的视觉设计，如清晰明亮的橱窗展示、抢眼的宣传内容、整齐有序的商品排列，将商品的外观、性能、规格、价格等信息简短而迅速地传递给顾客，从而减少顾客咨询，缩短挑选时间，加速交易过程。

（二）商品陈列区的视觉设计

　　商品陈列区可根据商品的销量热度、营销活动等大致划分为新品上市、掌柜推荐、热销爆款等若干分区，而在这些分区中的商品一般有单栏、双栏以及九宫格三种展示形式。单栏展示主要以某一主推商品作为展示重点，通过横构图的形式占满一屏，这种展示形式一般适用于店铺中相对比较重要的商品，如图3-5-1所示。双栏展示则是将屏幕一分为二，通过双栏排版的形式对商品进行排列展示，如图3-5-2所示。九宫格展示一般适用于重要程度没那么高，而又想在首页进行集中展示的商品，这种排列方式可以最大限度地利用空间进行商品展示，如图3-5-3所示。

三、任务实施

　　视觉设计组晓芸根据公司要求，结合"年货节"主题首页设计风格的统一性原则，最终确定了以喜庆的红色调作为主色调，增加经典复古的卷轴素材和年货节标志，营造出带有浓浓年味的商品陈列区，效果如图3-5-4所示。

图3-5-1　单栏展示

图3-5-2　双栏展示

图3-5-3　九宫格展示

图3-5-4　最终效果

步骤1：按Ctrl+N组合键执行新建文件命令，新建【宽度】为1920像素，【高度】为2100像素的画布，并将画布填充为米黄色（＃fcebd6）。

步骤2：按Alt+F+L组合键执行置入嵌入对象命令，在合适的位置置入"卷轴.png"，双击该素材所在图层进入【图层样式】，选择【投影】，为图像适当增加投影，效果如图3-5-5所示。

图3-5-5　置入素材并添加投影

步骤3：选择工具箱中的【横排文字工具】T，在选项栏中将【字体】改为思源宋体，颜色改为米黄色（# f9dcaa），在合适的位置添加文字，如图3-5-6所示。

图3-5-6　文案效果

步骤4：选择工具箱中的【矩形工具】，在选项栏中将【填充】改为红色（# 9b021c），在画布中绘制一个矩形。再用同样的方法在合适的位置绘制一个白色矩形，如图3-5-7所示。

图3-5-7　绘制矩形

步骤5：按Alt+F+L组合键执行置入嵌入对象命令，在白色矩形的位置置入"双肩包.jpg"。选中双肩包所在图层，单击鼠标右键，选择【创建剪贴蒙版】，调整大小后效果如图3-5-8所示。

图3-5-8　置入素材

步骤6：按Alt+F+L组合键执行置入嵌入对象命令，在双肩包左上角置入"年货节标签.jpg"，如图3-5-9所示。

图3-5-9 置入素材

步骤7：选择工具箱中的【矩形工具】▣，在选项栏中将【填充】改为无，【描边】改为米黄色（# fcebd6），【描边宽度】改为5像素，在合适的位置绘制一个矩形边框，如图3-5-10所示。

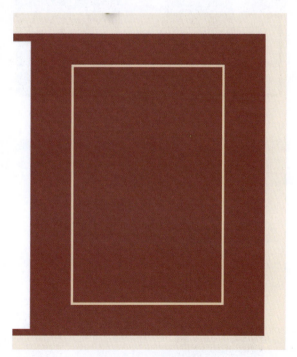

图3-5-10 绘制矩形框

步骤8：选中矩形边框所在的图层，单击图层面板下的【添加图层蒙版】▣，然后选择工具箱中的【选框工具】▣，在合适的位置绘制一个矩形选框，如图3-5-11所示。选中图层蒙版并填充黑色，完成后效果如图3-5-12所示。

图3-5-11　选取局部　　　　　　　　　图3-5-12　局部遮挡

步骤9：选择工具箱中的【横排文字工具】 T ，在合适的位置添加文字，完成后效果如图3-5-13所示。

图3-5-13　添加文案

步骤10：同时选中双肩包陈列区所在图层，按Ctrl+G组合键执行创建组命令，然后复制并移动组，并将图片和文案进行替换，得到手提包陈列区，效果如图3-5-14所示。

图3-5-14　陈列区效果

步骤11：用同样的方式完成电脑包、拉杆箱和钱包这几款产品的导航模块，最终效果如图3-5-15所示。

图3-5-15　最终效果

四、应用实操

1.举一反三

"威拓"公司计划在首页第四屏的位置，即"掌柜推荐"板块的下方设置"爆款热推"板块，用于展示店铺销量较好、人气较高的单品。

2.实操要求

①色调、样式、排版布局等可在"掌柜推荐"板块的设计基础上进行适当变化，以营造首页视觉的延续性。

②"素材"文件夹中已提供商品图片及部分设计元素，也可通过素材平台搜索相关素材并合理运用。

五、任务评价

	任务理解能力	颜色搭配效果	排版布局效果	整体完成度
读者自评	□优秀	□优秀	□优秀	□优秀
	□良好	□良好	□良好	□良好
	□合格	□合格	□合格	□合格
小组评价	□优秀	□优秀	□优秀	□优秀
	□良好	□良好	□良好	□良好
	□合格	□合格	□合格	□合格
教师评价	□优秀	□优秀	□优秀	□优秀
	□良好	□良好	□良好	□良好
	□合格	□合格	□合格	□合格
企业评价	□优秀	□优秀	□优秀	□优秀
	□良好	□良好	□良好	□良好
	□合格	□合格	□合格	□合格

【案例拓展】

图3-5-16是一家以非遗"剪纸"作为主营商品的网店。"剪纸"作为一项传统的中国民间手工艺术，通过不同的视觉形象和造型，表达了我国劳动人民的审美情趣以及对美好生活的向往。

设计亮点：

①在颜色的选择上，"剪纸"本身的颜色多以红色为主，因此在"剪纸"首页的设计中，以低饱和度的红色作为主色调，并适当增加中国红作为点缀色，既烘托"剪纸"本身特有的艺术光彩，又使首页的整体效果更加立体、和谐、统一。

②在结构布局上，通栏店招和全屏海报恢宏大气，主营商品一目了然，首页各部分结构清晰、主次分明，文字与背景对比度强、清晰易读。

③在元素的运用上，融入了祥云、毛笔体、如意纹、山水画、梅花等中华传统元素，体现出古典美学优雅、精致的艺术视觉。

④在文案的设计上，通过古风字体与现代字体、中文与英文相结合的形式，寓意传统与现代、中式与西式交相辉映。

图3-5-16

●【小组讨论】

请以小组为单位，搜索近期重大传统节日下的网店首页设计案例，分析并学习如何在网店首页的设计中融入传统节日活动元素。

●【项目小结】

本项目通过校企合作项目——箱包"年货节"欢乐购首页视觉设计，完整讲述了网店首页中店招与导航条、轮播海报、优惠券及商品陈列区四大板块的设计规范和制作过程，贯穿对春节年货节和中秋节的主题设计，引导读者了解我国重大传统节日，感受中华民族悠久的历史文化，树立民族自豪感。另外，通过应用实操、任务评价和案例拓展分析，提高读者对首页视觉营销设计举一反三的知识迁移能力。

【课后练习】

一、单选题

1.网店首页的作用不包括（　　　）。

A.展示网店品牌形象　　　　　　　　B.增加网店收益

C.传达网店活动信息　　　　　　　　D.有助于提升消费者的购物体验

2.（　　　）不属于网店首页的常见模块。

A.店招和导航栏　　　　　　　　　　B.轮播海报

C.领券区　　　　　　　　　　　　　D.支付与售后

3.通栏店招的尺寸为（　　　）。

A.950×30像素　　　　　　　　　　B.950×150像素

C.1920×30像素　　　　　　　　　　D.1920×150像素

4.页头背景在店招的左右两侧，宽度为（　　　）像素，该区域一般不包含重要内容，只作为店招主体在视觉上的延伸。

A.458　　　　　　B.485　　　　　　C.360　　　　　　D.320

5.不适合在店招上进行展示的内容是（　　　）。

A.商品细节　　　　B.店铺Logo　　　　C.优惠券　　　　D.促销活动

6.以淘宝为例，常规的轮播海报宽度为（　　　）像素。

A.970　　　　　　B.950　　　　　　C.1920　　　　　　D.750

7.如果将轮播海报设计成通栏样式，则要在海报两侧各预留（　　　）像素宽的区域不放任何重要内容。

A.485　　　　　　B.458　　　　　　C.360　　　　　　D.320

8.在设计品牌宣传型海报时，通常会在海报中植入（　　　）。

A.品牌文化和理念　　B.产品的功能　　　C.优惠折扣　　　D.活动主题

9.关于优惠券的设计规范，以下说法不正确的是（　　　）。

A.除了注明优惠券的使用金额外，还可以注明优惠券适用于某类活动

B.需详细注明优惠券的使用限期或有效时间

C.仅需注明优惠券金额

D.应注明优惠券是否能叠加使用

10.以下（　　　）不属于商品陈列区的设计规范。

A.抢眼的宣传内容　　　　　　　　　B.清晰明亮的橱窗展示

C.整齐有序的商品排列　　　　　　　D.杂乱无序的商品排列

二、多选题

1.通栏店招主要由（　　　）三部分构成。

A.导航栏　　　　　　　　B.店招主体　　　　　　C.优惠券　　　　　D.页头背景

2.在设计店招时需要遵循以下哪些设计原则？（　　　）

A.将所有元素铺满整个店招　　　　　　　　B. 商品定位一目了然

C.设计风格符合店铺品牌形象　　　　　　　D. 版面设计简洁统一

3.根据不同主题，一般可将海报分为（　　　）。

A.活动型海报　　　　　　　　　　　　　B.轮播海报

C.品牌宣传型海报　　　　　　　　　　　D.产品推广型海报

4.在进行广告投放时，需要了解目标人群的（　　　）。

A.年龄　　　　　　　　B.浏览习惯　　　　　　C.性别　　　　　D.收入

5.商品陈列区的展示形式包括（　　　）。

A. 单栏展示　　　　　　B. 双栏展示　　　　　C. 九宫格展示　　　D.全屏展示

习题答案

项目四

视觉营销设计商品篇

【职场场景训练】

党的二十大报告提出，推动中华优秀传统文化创造性转化和创新性发展，是坚定文化自信，建设社会主义文化强国的必然要求。我们要坚持古为今用、以古鉴今，坚持有鉴别的对待、有扬弃的继承，通过文化产业、业态、产品等具体载体创新发展，努力实现传统文化的创造性转化、创新性发展，使之与现实生活相融相通，共同服务以文化人的时代任务。

"阿隆索"是一家专注于蓝牙音箱产品设计、开发及生产的企业，其蓝牙音箱产品的外形设计大多借鉴于传统文化元素或源于自然界的仿生设计，如借鉴广州地标建筑猎德大桥、中国传统打击乐器腰鼓以及棋盘、祥云、贝壳等形态开发了不少热门产品，既提高了品牌辨识度，也传承了中国文化。作为视觉设计团队的一员，李瑞将与同事们一起为"阿隆索"蓝牙音箱设计和制作商品内容页面。

【项目学习目标】

1.知识目标

（1）理解直通车图的设计规范；

（2）理解商品详情页的设计规范；

（3）掌握如何通过商品内容页的设计优化来提升转化率。

2.技能目标

（1）掌握直通车图的构图方式；

（2）掌握商品详情页的结构布局；

（3）能够根据产品特点进行配色、文案设计和视觉元素搭配。

3.素质目标

（1）培养商品详情页的设计能力，提升审美素养；

（2）理解传统文化与电商促销的有机结合，提高文化自信；

（3）明确电商视觉营销设计岗位的技能要求，增强职场信心。

【技能提升图谱】

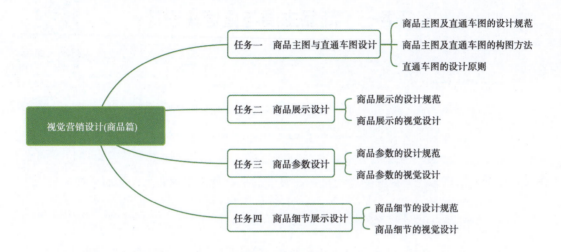

视觉营销设计(商品篇)

- 任务一　商品主图与直通车图设计
  - 商品主图及直通车图的设计规范
  - 商品主图及直通车图的构图方法
  - 直通车图的设计原则
- 任务二　商品展示设计
  - 商品展示的设计规范
  - 商品展示的视觉设计
- 任务三　商品参数设计
  - 商品参数的设计规范
  - 商品参数的视觉设计
- 任务四　商品细节展示设计
  - 商品细节的设计规范
  - 商品细节的视觉设计

【学习成果展示】

任务一　商品主图与直通车设计

一、情境导入

"阿隆索"公司近期推出了一款蓝牙音箱，在商品上架一周后，发现该商品关注度较低，公司希望能够快速吸引消费者的关注，提高点击率。李瑞通过调查发现，一张好的商品主图可以提升消费者对商品的好感度，而想要增加点击率，可通过直通车及钻展图的推广来提升商品的曝光量，让更多的消费者关注到商品，从而增加流量。

二、知识解析

商品主图是商品最直接的展示途径之一。当消费者通过关键词搜索商品时，显示在页面中的商品图片就是主图，优质的主图可以在众多商品图片中吸引消费者眼球，为店铺提高点击率，并让消费者产生购买的欲望，从而为商家省下一大笔推广费用。

直通车是一种付费推广方式，是商家进行宣传与推广的重要手段，也是淘宝店铺最为常见的推广方式，它可以通过关键词实现商品的精准推广，将商品的信息推送给潜在消费者，为商品和店铺吸引更多流量。其设计类似于常见的商品主图，但在视觉或文案上需更加具备吸引力。

（一）商品主图及直通车图的设计规范

一款商品的主图一般有4~6张，主图首图尺寸为800×800像素的方图，主图副图为800×800像素的方图或750×1000像素的长图。首图就是搜索商品页面所展示的主图，主要作用是展示商品全貌、核心卖点、价格和促销活动，以便引起消费者的关注，如图4-1-1所示。副图在进入商品详情页后展现，其主要作用是介绍商品。它类似于简化的详情页，根据不同的品类，可选择展示商品的细节、颜色、功能等，如图4-1-2所示。

图4-1-1　主图首图

　　直通车图的尺寸为800×800像素，其展现位置为产品的关键词搜索页面。当消费者输入相应的关键词后，搜索页面的中间、右侧及底部的掌柜热卖区域为直通车展示区，其主要作用是广告引流，提升转化，如图4-1-3所示。

图4-1-2　主图副图

图4-1-3　直通车展示区

（二）商品主图及直通车图的构图方法

一张优质的主图能迅速抓住消费者的眼球，提高点击率，激发购买欲望。因此，结构紧凑、搭配合理、细节考究的构图设计对提升视觉效果和阅读体验有着直接的作用。主图常见的构图方法有以下四种：

1.九宫格构图法

九宫格构图法也称之为"井"字构图法，是构图中最基本的方法之一。将主图用四条线平均划分为九宫格，中心交叉的四个点就是黄金分割点，当商品位于任意一个点时，可以巧妙突出商品主体，使画面看上去更和谐且富有空间感，如图4-1-4所示。

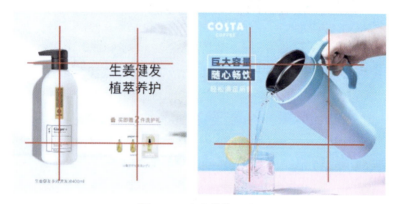

图4-1-4　九宫格构图法

2.几何形构图法

当商品种类较多时，通过几何形（圆形、三角形、方形、菱形、十字形）的摆放，使商品呈现出规则的几何形状，可让画面更具协调性，从而提高主图吸引力，如图4-1-5所示。

图4-1-5　几何形构图法

3.线性构图法

线性构图法是较为简单的构图法，按照一定的规律展示图片，通常采用直线（水平线、直线、对角线）构图和折线构图等方式，让画面更具规则感，如图4-1-6所示。

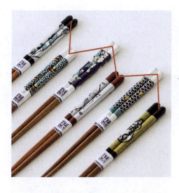

图4-1-6　线性构图法

4.层次构图法

层次构图法可根据商品的规格特点，从主到次、由大到小、近实远虚等来进行排列，从而增强主图的视觉表现力，打造出主图的层次感和空间感，如图4-1-7所示。

图4-1-7　层次构图法

知识拓展

在对商品进行布置和展示时，可以适当运用"配角"进行搭配和点缀，通过控制大小比例来呈现画面的主次关系，进一步营造空间感。

（三）直通车图的设计原则

直通车图相较于商品主图，在设计上更侧重于传递商品的优势和消费者诉求。在制作前，需对商品特征、营销文案、消费人群的喜好、计划投放的位置等方面进行综合分析，在设计上与竞争对手形成差异性，突出自己的优势和亮点，从而提高投放效率。

在设计直通车图时，通常应具备以下三个原则。

①卖点突出：直击消费者痛点，简明扼要地突出买家利益点，如图4-1-8所示。

②构图明朗：通过考究的版式布局和文案排版来呈现画面的层次感，强调主次关系，提升画面层次感，如图4-1-9所示。

③色彩鲜明：通过与商品特点相契合的色彩组合，突出商品的独特性和卖点，增强图片的视觉冲击力和吸引力，如图4-1-10所示。

图4-1-8　卖点突出

图4-1-9　构图明朗

图4-1-10　色彩鲜明

经验之谈

在设计时运用创新的拍摄手法、夸张突出的文案，与其他商品图片形成鲜明的对比，可以在众多商品图片中脱颖而出，快速吸引消费者眼球。

三、任务实施

经过仔细的调查分析后，李瑞决定着手设计一款直通车效果图来提高点击率。蓝牙音箱的设计灵感来自中国传统打击乐器——腰鼓，因此在设计时运用代表东方色彩的红绿色来进行搭配，最终效果如图4-1-11所示

图4-1-11　直通车效果图

步骤1：按Ctrl+N组合键执行新建文件命令，新建【宽度】为800像素、【高度】为800像素的画布。

步骤2：按Alt+F+L组合键执行置入嵌入对象命令，在画布中置入"直通车背景.jpg"，然后选中该图层，单击图层面板下方的【创建新的填充或调整图层】，在弹出的菜单中选择【可选颜色】【亮度/对比度】进行调整，调整参数如图4-1-12、4-1-13所示，效果如图4-1-14所示。

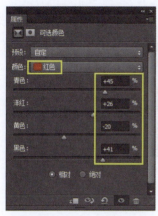

图4-1-12　可选颜色　　　图4-1-13　亮度/对比度　　　图4-1-14　调色后效果

步骤3：按Alt+F+L组合键执行置入嵌入对象命令，在合适的位置置入"光影.png""蓝牙音箱.png"，如图4-1-15所示。

图4-1-15　置入素材

步骤4：选择工具箱中的【钢笔工具】，在选项栏中将【工具模式】改为形状，【填充】改为黑色，在蓝牙音箱下方沿着底部绘制一个椭圆形，然后选中椭圆形所在图层，选择菜单栏中的【滤镜】-【高斯模糊】，并适当调整模糊半径，完成蓝牙音箱接触面阴影，如图4-1-17所示。

图4-1-16　添加阴影效果

步骤5：选择工具箱中的【文字工具】 **T** ，在选项栏中将【字体】改为优设标题黑，【颜色】改为淡黄色（#ffdda1），在合适的位置添加标题文案，如图4-1-17所示。

图4-1-17　添加文案

步骤6：选择工具箱中的【圆角矩形工具】 ▢ ，在选项栏中将【填充】改为深红色（＃800207），【描边】改为无，在合适的位置绘制三个圆角矩形并添加文案，效果如图4-1-18所示。

步骤7：按Alt+F+L组合键执行置入嵌入对象命令，在合适的位置置入"狂欢免单.png"，如图4-1-19所示。

图4-1-18　绘制圆角矩形并添加文案　　　　图4-1-19　置入素材

四、应用实操

1.举一反三

"阿隆索"公司将直通车图进行推广投放后，蓝牙音箱的销量就有了明显的提升。为了能更进一步提升品牌的知名度，团队决定再制作一张商品钻展图进行投放。钻展图是消费者了解店铺的窗口，是引流和提升转化的关键，其特点是辐射范围广，能覆盖全国80%以上的网购消费者，且定向精准。由于投放钻展图的成本较高，因此更适用于店铺和品牌推广。

钻展图的投放一般是为了在短时间内提升流量，因此在设计时需注意以下几点：

①主题明确，可根据如新品上市、节日大促、品牌宣传等营销目的来选择相匹配的素材及文案，如图4-1-20所示。

②视觉突出，通过商品本身的质感，加上创意的排版、巧妙的色彩搭配和吸引人的标签来提升整体视觉观感，吸引点击，如图4-1-21所示。

图4-1-20　主题明确　　　　　　　　　　　图4-1-21　视觉突出

2.实操要求

①在"素材"文件夹中选择蓝色款蓝牙音箱，并为其制作一张尺寸为520×280像素的新品上市钻展图。

②颜色搭配合理，文案效果出众，整体视觉效果突出。

五、任务评价

	任务理解能力	颜色搭配效果	排版布局效果	整体完成度
读者自评	□优秀 □良好 □合格	□优秀 □良好 □合格	□优秀 □良好 □合格	□优秀 □良好 □合格
小组评价	□优秀 □良好 □合格	□优秀 □良好 □合格	□优秀 □良好 □合格	□优秀 □良好 □合格
教师评价	□优秀 □良好 □合格	□优秀 □良好 □合格	□优秀 □良好 □合格	□优秀 □良好 □合格
企业评价	□优秀 □良好 □合格	□优秀 □良好 □合格	□优秀 □良好 □合格	□优秀 □良好 □合格

任务二　商品展示设计

一、情境导入

"阿隆索"公司近期准备上架一款蓝牙音箱，该款蓝牙音箱的设计灵感来自中国传统打击乐器——腰鼓，其通体圆润、自然协调的造型，加上磨砂质感的蒙皮，整体视觉感受唯美大气。李瑞打算在商品展示设计中加入东方视觉元素，将蓝牙音箱的现代流线型设计与古典东方元素相结合，从而更好地衬托商品的气质。

二、知识解析

（一）商品展示的设计规范

商品展示是商品详情页的一个重要组成部分，一般位于商品详情页的头三屏，主要由商品头图、场景图、商品的核心卖点组成，也可以包含商品的风格理念或促销导购的内容，目的是让顾客在进入详情页的时候用最短的时间对商品有一个大致了解——"卖什么"。结构紧凑、重点突出、设计精美是商品展示设计的核心原则，优秀的商品展示设计有助于减少店铺跳失率，能使顾客在短时间内接收商品的关键信息，并为进一步的浏览及转化奠定基础。

商品展示设计过程中应遵循一定的设计规范：

①PC端商品详情页的整体宽度为750像素（以淘宝为例），高度一般可在制作过程中根据实际情况而使用裁切工具或者画布工具进行灵活加减；移动端商品详情页的整体宽度为480~1500像素。

②位于头图部分的商品图片一般以大图的形式呈现，既可以是场景实拍图，也可以是创意合成图，目的是突出商品的整体形象、用途和功能，提升第一屏的视觉代入感。

③头图标题要与头图商品相关联，内容可以是商品的品牌名称及型号，有的还会附上一句简短的品牌Slogan或营销语，当然也可以只是一句有关于产品卖点的软广。

> 知识拓展
> 在PC端，淘宝和天猫在详情页尺寸的要求上有所不同，天猫店详情页的宽度为790像素，高度要求和淘宝店一致，没有明确限制。

（二）商品展示的视觉设计

目前在各大电商平台上，移动端订单占比平均已达80%以上，因此在设计过程中应逐步把重心放在移动端详情页。而PC端的详情页尺寸跟移动端几乎一致，为了减少工作量，可以优先设计移动端，然后PC端直接套用即可。由于手机屏幕基本都是竖屏的，PC屏幕基本上是横屏，用户在移动端和PC端浏览详情页体验不尽相同，因此在进行移动端详情页设计时要遵循竖版的思维理念，也就是文案及产品图尽可能以上下排版的形式而不是左右排版，如图4-2-1所示。

图4-2-1　竖版设计理念

经验之谈

竖排版的方式会增加详情页的高度，一般来说，移动端详情页最多不要超过8~10屏，过长的页面容易令人产生烦躁情绪，不利于用户实现购买行为。

三、任务实施

李瑞决定在商品展示的头图部分融入东方视觉元素，再辅以金属质感的标题，通过恢宏大气的视觉氛围衬托出蓝牙音箱的澎湃音质；在头图下方增加蓝牙音箱的核心功能标识，体现出音箱的功能性及实用性，同时用缤纷多色的产品图进行矩阵排列，更好地营造品牌形象，最终效果如图4-2-2所示。

图4-2-2　商品展示效果图

步骤1：按Ctrl+N组合键执行新建文件命令，新建【宽度】为750像素、【高度】为1900像素的画布。

步骤2：按Alt+F+L组合键执行置入嵌入对象命令，在顶部置入"头图.jpg"，然后选中头图所在图层，单击图层面板下方的【创建新的填充或调整图层】 ，在弹出的菜单中选择【色相/饱和度】，右键单击该调整图层，在弹出的菜单中选择【创建剪贴蒙版】。再次选中调整图层，调整参数如图4-2-3所示，效果如图4-2-4所示。

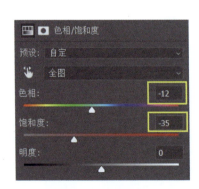

图4-2-3　调整参数

图4-2-4　调色后效果

步骤3：按Alt+F+L组合键执行置入嵌入对象命令，在合适的位置置入"蓝牙音箱.png"，如图4-2-5所示。

图4-2-5　置入素材

步骤4：选择工具箱中的【钢笔工具】 ，在选项栏中将【工具模式】改为形状，【填充】改为黑色，在蓝牙音箱下方沿着底部绘制一个椭圆形，然后选中椭圆形所在图层，选择菜单栏中的【滤镜】-【高斯模糊】，并适当调整模糊半径，完成蓝牙音箱接触面阴影，如图4-2-6所示。

图4-2-6　添加接触面阴影

步骤5：选择工具箱中的【文字工具】 ，在选项栏中将【字体】改为优设标题黑，【颜色】改为金色（#ca9e64），在合适的位置添加"聆听不凡"文本，如图4-2-7所示。

图4-2-7　添加文本

步骤6：在标题文案所在图层的上方新建一个空白图层，然后单击鼠标右键，选择【创建剪贴蒙版】。选择工具箱中的【画笔工具】 ，将【颜色】改为米白色（# e7c3a4），在选项栏中将【画笔预设】改为柔边圆，适当调整【画笔大小】和【不透明度】，在标题处绘制金色光泽，效果如图4-2-8所示。

图4-2-8　绘制金属光泽

步骤7：选择工具箱中的【文字工具】 **T** ，在选项栏中将【字体】改为思源黑体，【颜色】改为米白色（＃e7c3a4），在合适的位置添加文案并绘制矩形框，如图4-2-9所示。

图4-2-9　添加文案

步骤8：选择工具箱中的【矩形工具】 ▢ ，在选项栏中将【填充】改为渐变填充，在渐变编辑器中将【颜色】改为粉红色（＃bb586e）-浅粉色（＃f4ced2）-粉红色（#bb586e）的渐变，再将【渐变角度】改为0度，参数设置如图4-2-10所示，在头图下方绘制一个矩形，效果如图4-2-11所示。

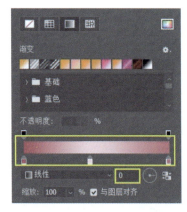

图4-2-10　设置渐变色背景　　　　图4-2-11　渐变色背景效果

步骤9：选择工具箱中的【圆角矩形工具】 ▢ ，在选项栏中将【填充】改为渐变填充，在渐变编辑器中将【颜色】改为灰白色（＃d4d3d3）-白色-灰白色（＃d4d3d3）的渐变，再将【渐变角度】改为0度，在合适的位置绘制一个圆角矩形并适当添加投影效果，如图4-2-12所示。

图4-2-12 绘制渐变色圆角矩形

步骤10：按Alt+F+L组合键执行置入嵌入对象命令，在合适的位置置入"HIFI音质标识.png""超强续航标识.png""防水设计标识.png""蓝牙5.0标识.png"，同时在合适的位置添加文案和隔断线，如图4-2-13所示。

图4-2-13 置入素材

步骤11：选择工具箱中的【文字工具】 ，在选项栏中将【字体】改为思源黑体，【颜色】改为深灰色（＃313131），在合适的位置添加文案。选择工具箱中的【钢笔工具】 ，在选项栏中将【工具模式】改为形状，【填充】改为深灰色（＃313131），在文案下方绘制一个倒三角形，如图4-2-14所示。

图4-2-14 添加文案

步骤12：选择工具箱中的【矩形工具】 ，在选项栏中将【填充】改为渐变填充，在渐变编辑器中将【颜色】改为红褐色（＃986262）-浅褐色（＃3f2626）的渐变。按Alt+F+L组合键执行置入嵌入对象命令，在合适的位置置入"多色集合.png"，效果如图4-2-15所示。

图4-2-15　置入素材

四、应用实操

1.举一反三

为了体现蓝牙音箱的居家属性，"阿隆索"公司打算用该蓝牙音箱的白色款来制定一套体现简约、温馨、舒适风格的商品展示模块。李瑞接到任务后，开始着手准备素材和文案，为白色款蓝牙音箱进行商品展示模块的设计。

2.实操要求

①根据白色款蓝牙音箱的特点对头图进行合理的颜色搭配，整体视觉偏向轻松、惬意的居家风格。

②"素材"文件夹中已提供商品图片及部分设计元素，也可通过素材平台搜索相关素材并合理运用。

五、任务评价

	任务理解能力	颜色搭配效果	排版布局效果	整体完成度
读者 自评	□优秀	□优秀	□优秀	□优秀
	□良好	□良好	□良好	□良好
	□合格	□合格	□合格	□合格
小组 评价	□优秀	□优秀	□优秀	□优秀
	□良好	□良好	□良好	□良好
	□合格	□合格	□合格	□合格
教师 评价	□优秀	□优秀	□优秀	□优秀
	□良好	□良好	□良好	□良好
	□合格	□合格	□合格	□合格
企业 评价	□优秀	□优秀	□优秀	□优秀
	□良好	□良好	□良好	□良好
	□合格	□合格	□合格	□合格

任务三　商品参数设计

一、情境导入

在完成商品展示模块的设计之后，李瑞开始着手设计商品参数模块，他希望通过严谨、详细的商品参数来方便顾客选购合适的商品，提升购物体验，也希望借助良好的视觉交互设计来丰富商品详情的视觉层次。

二、知识解析

（一）商品参数设计规范

商品参数模块需悉数体现商品的各种信息，可根据不同品类提供如尺寸、材质、颜色、规格、质量、行业标准、生产工艺和性能等。结构紧凑、内容详细的商品参数模块不但有利于消费者快速读取商品信息，增强信任感，也有助于提升商品的综合竞争力。常见的商品参数有以下4种设计样式。

1.简单的商品参数表格样式

简单的商品参数表格能全面细致地展现商品的功能、特征和规格等，这种形式在服装和鞋子类运用比较广泛，优点是便于消费者快速识别商品特征以及更快地作出购买决策，如图4-3-1所示。

2.商品图片与商品参数上下组合

当同一商品的规格较多时，为避免混淆，可在不同规格的商品上标注尺寸，并将图片置于参数的上方或下方，这样更有利于消费者全面直观地了解商品的综合信息，如图4-3-2所示。

3.商品图片与商品参数并列组合

当某些商品参数信息较少，为了使整体版面视觉效果更加饱满和谐，可采取左图右表或者左表右图的排列方式，如图4-3-3所示。

4.商品参数在商品图片中显示

商品参数也可以直接在商品图片中显示出来，既能让消费者直观了解商品的成分和结构特点，也能达到更好的视觉交互效果，如图4-3-4所示。

产品参数

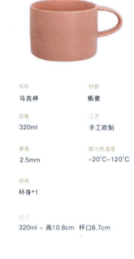

商品信息
Product info

品　名：女童连衣裙

成　份：紫色面料:64.2%聚酯纤维 35.8%粘纤

尺码	衣长	肩宽	胸围	下摆围	袖长
100	52	24.5	59	158	14
110	57	26.1	62	166	15
120	62	27.7	65	174	16
130	67	29.5	69	182	17
140	72	31.3	73	192	18
150	77	33.1	78	202	19
160	82	34.9	83	212	20

因测量方式不同，可能会存在1~3厘米误差，建议按真实身高或者大一码选购！

图4-3-1　商品参数表

名称	材质
马克杯	陶瓷
容量	工艺
320ml	手工吹制
厚度	冷热温度
2.5mm	-20℃~120℃
规格	
杯身*1	
尺寸	
320ml ~ 高10.8cm 杯口6.7cm	

图4-3-2　上图下表

◆◇　产品信息　◇◆
Goods Demonstration

【产品名称】XX黄小米

【净含量】400g

【质量等级】杂粮一级

【保质期】12个月

【包装】真空包装

【储存方法】置阴凉、通风、干燥处

图4-3-3　左图右表

INFORMATION
商品参数

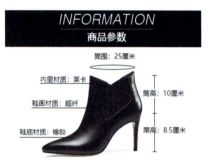

筒围：25厘米

内里材质：莱卡

鞋面材质：超纤

筒高：10厘米

鞋底材质：橡胶

跟高：8.5厘米

图4-3-4　参数在图片上显示

知识拓展

　　商品参数图的作用是使消费者对商品有更全面和详细的了解，除了选择合适的设计样式之外，还要注意参数信息的准确性和严谨性，这样才能最大限度地避免购物纠纷。没有特别的类别限制，在选择设计方法中合适最重要。

（二）商品参数的视觉设计

　　商品参数模块一般位于商品展示模块或商品细节模块之后，目的是方便消费者在浏览商品详情的过程中及时获取商品参数信息。在对商品参数模块进行设计时，尽量让色调和风格与整个详情页一致，使视觉效果更加和谐统一，如图4-3-5所示。

图4-3-5　商品信息

三、任务实施

李瑞决定采用商品图片与商品参数并列组合的设计思路。通过添加标注的商品图片和简洁美观的文字表格，清晰直观地展示了蓝牙音箱的各项数据参数。清新的暖调风格既能呼应商品本身，也与详情页的整体视觉效果相统一，效果如图4-3-6所示。

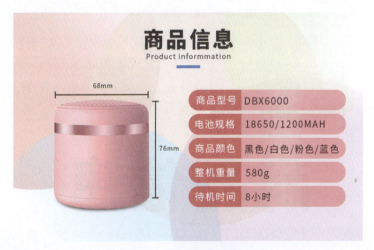

图4-3-6　商品参数效果图

步骤1：按Ctrl+O组合键执行打开文件命令，打开"背景.jpg"。

步骤2：按Alt+F+L组合键执行置入嵌入对象命令，在合适的位置置入"蓝牙音箱.jpg"，选择工具箱中的【直线工具】 ⬚，绘制标注线，输入标注文本，如图4-3-7所示。

图4-3-7　绘制标注线和输入标注文本

步骤3：选择工具箱中的【钢笔工具】 ⬚，在选项栏中将【工具模式】改为形状，【填充】改为黑色，在蓝牙音箱下方沿着底部绘制一个椭圆形，然后选中椭圆形所在图层，选择菜单栏中的【滤镜】-【高斯模糊】，并适当调整模糊半径，完成蓝牙音箱接触面阴影，如图4-3-8所示。

图4-3-8　添加接触面阴影

步骤4：选择工具箱中的【文字工具】 ⬚，在选项栏中将【字体】改为思源黑体，【颜色】改为黑色（#333333），在合适的位置添加标题文本。选择工具箱中的【直线工具】，在选项栏中将【填充】改为蓝色（#0083ff），【粗细】改为5像素，在标题下方绘制分割线，如图4-3-9所示。

图4-3-9　制作标题

步骤5：选择工具箱中的【圆角矩形工具】，在选项栏中将【填充】改为粉色（＃f597aa），在画布上绘制圆角矩形，如图4-3-10所示。

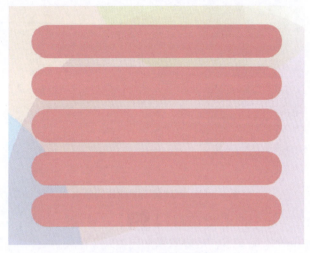

图4-3-10　绘制圆角矩形

步骤6：同时选中圆角矩形所在图层，按Ctrl+G快捷键执行创建组命令，然后在组的上方新建一个空白图层，单击鼠标右键，选择【创建剪贴蒙版】。选择工具箱中的【画笔工具】 ，将【颜色】改为白色，在选项栏中将【画笔预设】改为柔边圆，适当调整【画笔大小】和【不透明度】，在圆角矩形处绘制渐变光泽，效果如图4-3-11所示。

图4-3-11　绘制渐变光泽

步骤7：选择工具箱中的【矩形工具】 ，在选项栏中将【填充】改为红色（＃e0445d），在圆角矩形所在组的上方绘制一个矩形，选中矩形所在图层，单击鼠标右键，选择【创建剪贴蒙版】，效果如图4-3-12所示。

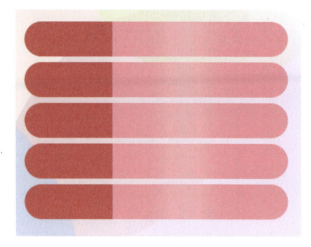

图4-3-12　创建剪贴蒙版后的效果

步骤8：选择工具箱中的【文字工具】 **T** ，在选项栏中将【字体】改为思源黑体，分别在合适的位置添加文本，最终效果如图4-3-13所示。

图4-3-13　最终效果图

四、应用实操

1.举一反三

"木森"旗舰店近期准备上架一款男士靴子，为了方便消费者直观查看商品的具体参数，现要求美工团队设计完成靴子的商品参数。

2.实操要求

①在设计构图上，采取"商品参数在商品图片中显示"的样式。

②在尺寸设置上，宽为750像素，高度无限制。

③"素材"文件夹中已提供商品图片及部分设计元素，也可通过素材平台搜索相关素材并合理运用。

五、任务评价

	任务理解能力	颜色搭配效果	排版布局效果	整体完成度
读者自评	□优秀	□优秀	□优秀	□优秀
	□良好	□良好	□良好	□良好
	□合格	□合格	□合格	□合格
小组评价	□优秀	□优秀	□优秀	□优秀
	□良好	□良好	□良好	□良好
	□合格	□合格	□合格	□合格
教师评价	□优秀	□优秀	□优秀	□优秀
	□良好	□良好	□良好	□良好
	□合格	□合格	□合格	□合格
企业评价	□优秀	□优秀	□优秀	□优秀
	□良好	□良好	□良好	□良好
	□合格	□合格	□合格	□合格

任务四　商品细节展示设计

商品细节展
示设计

一、情境导入

完成了商品展示模块之后，李瑞将开始着手进行细节展示模块的设计。李瑞先对蓝牙音箱的造型设计、功能特点、使用场景等方面进行了细致的了解，然后开始思考采用什么版式来设计制作蓝牙音箱细节图。

二、知识解析

（一）商品细节设计规范

商品细节展示作为商品详情页中重要的组成部分，一般位于整个商品详情的中后部分，通过细节图可直观展示商品各方面的细节，让顾客对商品更加了解，从而打消顾客购买疑虑。在进行商品细节设计之前，需要充分了解并提炼商品的核心卖点，通过图文并茂的形式对商品的细节及卖点进行全方位展示，如功能、内外部特征、使用场景等。消费者了解到的商品细节越多，产生的信任感就越多，优秀的商品细节展示设计对于提高商品转化率有着直接的作用和意义。

（二）商品细节的视觉设计

商品细节展示的版面讲究工整、美观和创意设计，合理的排版布局能够引导消费者全面精准地了解商品的特点。常见的商品细节排版方式有满版型、上下分割型、左右分割型、左右交叉型、骨骼型、重心型等。

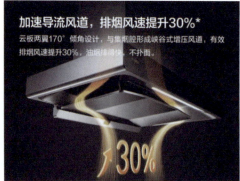

图4-4-1　满版型

图4-4-2　上下分割型

图4-4-3　左右分割型

图4-4-4　左右交叉型

图4-4-5　骨骼型

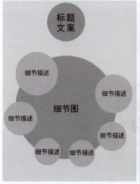

图4-4-6　重心型

经验之谈

当商品需要展示的细节较多时，可以选择不同的排版方式来展示商品细节。

三、任务实施

李瑞了解了蓝牙音箱的外形设计、功能亮点、使用场景等后，决定从蓝牙音箱的硬件优势和使用场景两方面来进行细节展示设计。整体色调与商品展示模块的风格相统一，进一步烘托蓝牙音箱的质感。在排版上采用了左右交叉型和重心型两种排版布局，通过左右交叉型展示蓝牙音箱的硬件优势，通过重心型展示蓝牙音箱的使用场景，最终效果如图4-4-7所示。

图4-4-7　商品展示效果图

步骤1：按Ctrl+N组合键执行新建文件命令，新建【宽度】为750像素、【高度】为2 380像素的画布。

步骤2：选择工具箱中的【矩形工具】，在选项栏中将【填充】改为渐变填充，在渐变编辑器中将【颜色】改为粉色（#de93a1）-浅粉色（#f1bec7）-粉色（#de93a1）的渐变，再将【渐变角度】改为0度，参数设置如图4-4-8所示，在合适的位置绘制一个矩形，效果如图4-4-9所示。

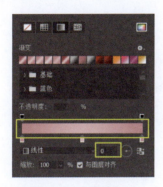 

图4-4-8　设置渐变色　　　　　图4-4-9　绘制渐变色矩形背景

步骤3：选择工具箱中的【文字工具】，在选项栏中将【字体】改为思源黑体，【颜色】改为深灰色（#333333），在合适的位置添加主副标题文案，同时在主副标题之间绘制蓝色隔断线，如图4-4-10所示。

图4-4-10　添加文案

步骤4：选择工具箱中的【圆角矩形工具】，在选项栏中将【填充】改为渐变填充，在渐变编辑器中将【颜色】改为灰色（#d4d3d3）-白色-灰色（#ffffff）的渐变，【渐变角度】改为0度，【半径】改为20像素，在合适的位置绘制一个圆角矩形，如图4-4-11所示。

图4-4-11　绘制圆角矩形

步骤5：选择工具箱中的【圆角矩形工具】，绘制左边圆角、右边直角的形状，参数设置如图4-4-12所示，效果如图4-4-13所示。

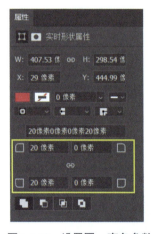

图4-4-12　设置圆、直角参数

图4-4-13　形状效果

步骤6：按Alt+F+L组合键执行置入嵌入对象命令，在红色形状的位置上置入"震撼音效.jpg"，然后选中该图层，单击鼠标右键，选择【创建剪贴蒙版】并适当调整图片位置和大小，完成后效果如图4-4-14所示。

图4-4-14　置入素材

步骤7：选择工具箱中的【横排文字工具】 **T** ，在灰色圆角形状上添加文案，如图4-4-15所示。

图4-4-15 添加文案

步骤8：同时选中"震撼音效"商品细节所在图层，按Ctrl+G组合键执行创建组命令，然后复制并移动组，并将图片和文案进行替换，得到"蓝牙芯片"和"快充接口"细节展示，效果如图4-4-16所示。

图4-4-16 细节展示效果

步骤9：选中粉色渐变矩形所在图层，然后选择工具箱中的【直接选择工具】 ，单击背景激活锚点，再选择【钢笔工具】 ，在矩形路径底部中间处增加一个锚点，按住Ctrl键的同时向上拖动鼠标将锚点移动至合适位置，形成弧形底部，效果如图4-4-17所示。

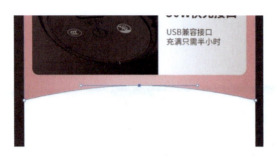

图4-4-17　弧形底部

步骤10：选择工具箱中的【矩形工具】 ，在选项栏中将【填充】改为渐变填充，在渐变编辑器中将【颜色】改为灰色（＃c6c4c4）-白色-灰色（＃c6c4c4）的渐变，【渐变角度】改为0度，在合适的位置绘制一个渐变色矩形，如图4-4-18所示。

图4-4-18　绘制渐变色背景

步骤11：选择工具箱中的【文字工具】 ，在选项栏中将【字体】改为思源黑体，在合适的位置添加主副标题文案。然后按Alt+F+L组合键执行置入嵌入对象命令，置入"扇形骨骼.png"，如图4-4-19所示。

图4-4-19　添加文案和置入素材

步骤12：按Alt+F+L组合键执行置入嵌入对象命令，在合适的位置置入"户外使用.jpg"，然后选中该图层，单击鼠标右键，选择【创建剪贴蒙版】并适当调整图片位置和大小。再依次置入"室内使用""付款播报""电脑使用"素材并重复以上操作，完成后效果如图4-4-20所示。

图4-4-20 置入素材

步骤13：选择工具箱中的【横排文字工具】 T ，在合适的位置添加文案，完成后效果如图4-4-21所示。

图4-4-21 置入素材和添加文案

步骤14：选择工具箱中的【椭圆工具】，按Alt+空格，在扇形骨骼中间绘制圆形，如图4-4-22所示，按Alt+F+L组合键执行置入嵌入对象命令，在合适的位置置入"音响.jpg"，单击鼠标右键，选择【创建剪贴蒙版】，完成后效果如图4-4-23所示。

图4-4-22　绘制圆形

图4-4-23　置入素材

四、应用实操

1.举一反三

"东北人家"网店准备上新一款东北大米，美工团队接到的任务是为新品大米制作一款商品细节图，主要展示新品大米如何秉承古法，推陈出新，并引导顾客了解新品大米的科学种植流程以及成品大米的"香""味""形"，效果如图4-4-24所示。

2.实操要求

①在排版设计上，采取重心型和满版型相结合的排版布局。

②在尺寸设置上，宽为750像素，高度无限制。

③"素材"文件夹中已提供制作细节图所需的全部素材。

图4-4-24　东北大米细节图

五、任务评价

	任务理解能力	颜色搭配效果	排版布局效果	整体完成度
读者自评	□优秀	□优秀	□优秀	□优秀
	□良好	□良好	□良好	□良好
	□合格	□合格	□合格	□合格
小组评价	□优秀	□优秀	□优秀	□优秀
	□良好	□良好	□良好	□良好
	□合格	□合格	□合格	□合格
教师评价	□优秀	□优秀	□优秀	□优秀
	□良好	□良好	□良好	□良好
	□合格	□合格	□合格	□合格
企业评价	□优秀	□优秀	□优秀	□优秀
	□良好	□良好	□良好	□良好
	□合格	□合格	□合格	□合格

【案例拓展】

图4-4-25　新疆哈密瓜详情页

图4-4-25是新疆哈密瓜的详情页，新疆哈密瓜因其皮薄肉厚，香甜清脆，营养丰富而被大家所喜爱。

设计亮点：

①在颜色的选择上，以哈密瓜青翠的绿色作为主色调，并通过不同饱和度的绿色调和渐变调烘托出详情页明快、清新、立体的视觉效果。

②在头图设计上，通过商品大图和水元素的搭配，营造出哈密瓜饱满多汁，清凉爽口的视觉效果，记忆点突出。

③在排版布局上，采用了重心型的布局方式展示新疆哈密瓜富含的多种营养成分；采用满版型的布局方式展示哈密瓜果肉厚实、多汁、鲜甜的特点。

●【小组讨论】

请以小组为单位，分别从配色、文案、商品素材、排版方式等四个方面讨论岭南佳果——荔枝的详情页设计思路，并撰写设计方案。

●【项目小结】

本项目通过校企合作项目——"腰鼓"蓝牙音箱商品内容页视觉设计，完整讲述了商品内容页中有关商品主图与直通车图、商品展示、商品参数、商品细节四大模块的设计规范和制作过程。引导读者了解我国传统乐器，感受东方古典设计之美，并围绕"腰鼓"蓝牙音箱本身所具备的传统文化元素及品牌文化对商品内容页进行整体视觉设计。另外通过应用实操、任务评价和案例拓展分析，提高读者对商品内容页设计举一反三的知识迁移能力。

●【课后练习】

一、单选题

1.直通车图的尺寸为（　　　）。

A.500×500像素　　　　　　　　　　　B.600×600像素

C.700×700像素　　　　　　　　　　　D.800×800像素

2.（　　　）不属于主图所展示的信息。

A.商品全貌　　　　B.商品细节　　　　C.商品售后　　　　D.商品功能

3.直通车图的作用是（　　　）。

A.品牌推广　　　　B.引流和转化　　　　C.活动促销　　　　D.售后服务

4.以下哪项不属于设计直通车图时应遵循的原则（　　　）。

A.折扣力度大　　　　B.色彩鲜明　　　　C.卖点突出　　　　D.构图明朗

5.商品展示模块一般位于详情页的（　　　）。

A.首屏　　　　B.第二屏　　　　C.第三屏　　　　D.头三屏

6.以淘宝为例，PC端商品详情页的整体宽度为（　　　）像素。

A.750　　　　B.790　　　　C.950　　　　D.990

7.以天猫为例，PC端商品详情页的整体宽度为（　　　）像素。

A.750　　　　　　B.790　　　　　　C.950　　　　　　D.990

8.（　　　）能全面细致地列出商品的功能、特征和规格等，这种形式在服装和鞋子类运用比较广泛。

A.简单的商品参数表格样式　　　　　B.商品图片与商品参数上下组合

C.商品图片与商品参数并列组合　　　D.商品参数在商品图片中显示

9.既能让消费者直观了解商品的成分和结构特点，也能达到更好的视觉交互效果的商品参数设计样式为（　　　）。

A.简单的商品参数表格样式　　　　　B.商品图片与商品参数上下组合

C.商品图片与商品参数并列组合　　　D.商品参数在商品图片中显示

10.商品细节展示作为商品详情页中重要的组成部分，一般位于整个商品详情的（　　　）。

A.头屏　　　　　　B.第二屏　　　　　C.前半部分　　　　　D.中后部分

二、多选题

1.商品主图及直通车图的构图方法有（　　　）。

A.九宫格构图法　　B.线性构图法　　　C.几何构图法　　　D.层次构图法

2.商品展示模块主要由哪几部分构成（　　　）。

A.商品头图　　　　　　　　　　　　　B.商品主图

C.场景图　　　　　　　　　　　　　　D.商品的核心卖点

3.以下哪些属于常见的商品参数设计样式（　　　）。

A.简单的商品参数表格样式　　　　　B.商品图片与商品参数上下组合

C.商品图片与商品参数并列组合　　　D.商品参数在商品图片中显示

4.常见的商品细节排版方式有（　　　）。

A.重心型　　　　　B.满版型　　　　　C.上下分割型　　　D.左右分隔型

5.在制作直通车图之前，需对（　　　）等方面进行综合分析。

A.商品特征　　　　　　　　　　　　　B.营销文案

C.消费人群的喜好　　　　　　　　　　D.计划投放的位置

习题答案

项目五

视觉营销设计新媒体篇

【职场场景训练】

党的二十大报告中明确提出"高质量发展是全面建设社会主义现代化国家的首要任务","全面推进乡村振兴""发展乡村特色产业，拓宽农民增收致富渠道"是高质量发展的重要举措，在此背景下，大力发展农村电商成为各地政府的重任，农村电商成为很多电商企业发力要抢占的一个市场。广东省湛江市腾飞网络科技有限公司是当地一家大型的农村电商公司，公司既有自营业务，也有代运营业务，公司擅长营销创新，经常利用微信、微博、抖音、快手、小红书等平台进行综合性的新媒体营销推广，成功让当地的渔业、制造业、农业等产业的产品走向市场，也助力很多当地企业走上新媒体营销之路。

刘思好同学在高等职业院校电子商务专业毕业后，因为喜欢家乡的工作氛围、热爱自己的家乡，也感觉农村电商是个有前景的朝阳行业，同时希望利用自己的专业知识，为家乡农村电商的发展奉献力量，帮助更多人走好新媒体营销的路。刘思好经过自身的努力，顺利进入湛江市腾飞网络科技有限公司工作。现在，她怀着跃跃欲试的心情，想要验证自己大学里所学的知识与技能，以及在企业实践过程中获得的经验是否能在实战中起到作用，自己是否能为家乡的农村电商发展做一些具体的、有意义的事情。

【项目学习目标】

1.知识目标

（1）了解新媒体营销常见的形式；

（2）了解新媒体营销中视觉设计的主要工作内容；

（3）了解设计风格构成的主要元素；

（4）掌握新媒体营销文案写作的知识。

2.技能目标

（1）能根据主题要求设计公众号首图、海报与结尾引导图；

（2）能设计直播间背景、直播海报与直播间悬浮贴；

（3）能设计短视频的账号头图、首图与背景图；

（4）能设计H5的海报及营销长图。

3.素质目标

（1）具有通过不断学习提高认知与技能的意识和能力；

（2）具有沟通的意识，能够通过团队合作完成设计任务；

（3）具有热爱家乡、奉献于乡村振兴的家国情怀；

（4）具有一定的创新意识和开拓精神，具备新媒体营销与管理的研究能力；

（5）具有工匠精神，能够做一行爱一行，能够做一件事做好一件事。

【技能提升图谱】

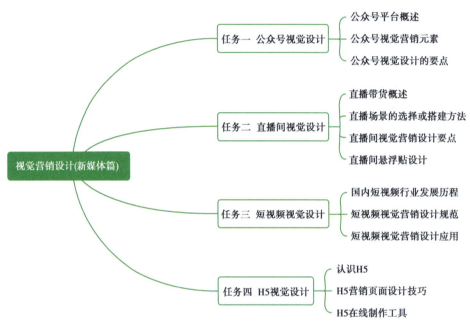

【案例成果展示】

以下4张图片为本项目新媒体营销视觉设计任务中公众号、直播间、短视频及H5设计的部分效果图。

图5-1-1　公众号首图

图5-1-2　直播预告海报

图5-1-3 短视频缩略图 图5-1-4 H5封面

任务一　公众号视觉设计

一、情境导入

湛江市本地一家集生产和销售为一体的毛巾公司"小贸企业"，因产品质量好，在当地实体销售比较受欢迎，公司找到刘思好同学所在的腾飞网络科技有限公司，希望通过代运营的方式让本公司的毛巾产品能够在互联网上广泛推广，从而增长销量。刘思好同学接到任务后，经过调查，毛巾公司目前还没有开始运营官方公众号账号，因此她想先从公众号这一常用新媒体方式开始，经过前期的努力，刘思好完成了公众号的注册、推广及基础用户积累后，她决定在开学季来临之际做好事件营销，发一篇新的推文，对毛巾公司的产品进行推广。

二、知识解析

（一）微信公众平台概述

公众号，全称"微信公众平台"，微信公众平台是一种被广泛使用、主流的一对多的、具有可交互性的自媒体社交平台，公司、企业及个人爱好者常借助公众号宣传活动及收集用户信息。如"京东到家"是一个主攻城市生活小区的生活服务型公众号，该号联合社区各大小商家，为社区居民提供肉菜农产品、生活用品等商品。如"大丰收农服平台"是一个为农户解决农业种植各环节难题、提供定制化农技方案的农村电商服务型公众号，而"正山堂茶业"则通过公众号，广泛宣扬中国茶文化，帮助广大茶农、茶商销售茶叶产品。图5-1-5为公众号案例。

图5-1-5　公众号案例

（二）公众号视觉营销元素

公众号的视觉营销元素是指在公众号运营中用于构建品牌形象和传达信息的各种视觉组成部分。一般需要做好以下内容：

①Logo：公众号的标识性图形或文字，代表公众号的身份和品牌形象，公众号标识如图5-1-6所示。

图5-1-6　公众号Logo

②图片：包括公众号头图、文章插图海报、产品展示图、结尾引导图等，用于吸引读者注意、增强内容表现力以及传递信息。其中，头图是指在微信公众号主页或文章页面的顶部展示的一张图片。它通常位于公众号名称和文章标题之间，是公众号的重要视觉元素之一。某茶业公司公众号头图如图5-1-7所示。

图5-1-7　公众号头图

③配色方案：公众号使用的主要颜色搭配，包括背景色、字体色、按钮色等，用于凸显品牌特色和统一视觉效果。如图5-1-7所示，某茶业公司公众号头图的颜色以青色为主色，以棕色为配色。

④字体：公众号所采用的字体风格，如正文字体、标题字体等，能够给读者带来视觉感受和品牌认知。如图5-1-7所示，某茶业公司公众号头图的标题使用龙吟体。

⑤排版布局：包括文章的段落格式、标题样式、字号大小等，用于整理信息结构、提升阅读体验。如图5-1-7所示，某茶业公司公众号头图采用了居中排版。

⑥图标：用于标识功能按钮或特定内容，如菜单图标、社交媒体图标等，能够提升用户界面的易用性和美观性。

⑦动画或视频：以动态方式展示内容或功能，增加互动性和吸引力。如图5-1-8所示，某茶业公司公众号头图使用了动态图片的形式呈现，同一时间只出现上或下的图片。

图5-1-8　公众号头图动态情况

⑧微信表情：通过自定义的微信表情包，为公众号增加个性和用户互动的乐趣。

（三）公众号视觉设计的要点

受众在浏览公众号推文时，绝大多数时间是在手机端进行的，因此公众号视频设计首要符合手机的阅读习惯，公众号视觉设计的设计风格首选为"简约"，公众号的配图能简单扼要地表达公众号推文的主要意思即可。为了达到简约的目的，公众号视觉设计主要做好两点：一是图片及图片中的配文要少而精，能够表达到该次推文的内容；二是同一次推文的设计风格要统一，以达到让公众号受众有赏心悦目的感觉。

三、任务实施

刘思好围绕着"开学季大促销"的推广主题，写好了小贸公众号的推文内容，编辑推文内容后，部门王经理提醒她，为了提示公司品牌展示、吸引用户注意力，要为推文文章配上符合本次促销主题的公众号头图，同时为了鼓励受众关注推广公众号，还需在文末添加引导配图。因此刘思好开始重点设计头图。

子任务1　设计公众号首图

步骤1：按Ctrl+N组合键执行新建文件命令，新建【宽度】为900像素、【高度】为383像素、分辨率为72像素/英寸、颜色模式为RGB的画布，设置前景色为浅灰色（#ddd9d9），按Alt+Del快捷键，用前景色填充背景图层。

步骤2：按Alt+F+L组合键执行"置入嵌入对象"命令（执行【文件】-【置入嵌入对象】命令，或者等同直接在文件夹中将图片拖动到画布中等同。可视个人习惯选用不同方法），将素材"光影.png"置入画布中，并适当调整光影的大小与位置，将光影所在的图层的不透明度改为80%。效果如图5-1-9所示。

图5-1-9　公众号首图背景

步骤3：按Alt+F+L组合键执行"置入嵌入对象"命令，将素材"产品.png"置入画布右边，安装字体"思源黑体CN-Regular"，在画布左边用该字体分三个图层分别输入相应的文本，字体大小为30点或50点，颜色为黑色，为前两行字添加"投影"图层样式，投影的颜色为白色，距离为2像素。选择【移动工具】🖦，在同时选中3个文字图层的情况下，选择对齐为"水平居中对齐"、分布为"垂直居中分布"，对齐、分布的按键如图5-1-10所示，效果如图5-1-11所示。

图5-1-10　对齐并分布

图5-1-11　文字排版

步骤4：为了使毛巾更好地与背景融合，给毛巾所在的图层 "添加图层蒙版"，并用【画笔工具】 🖌️、使用黑色在毛巾周边适当涂抹，遮挡毛巾周边大部分的灰色。执行【图像】-【调整】-【亮度/对比度】命令，按图5-1-12所示的参数适当调整产品的亮度和对比度，效果如图5-1-13所示。

图5-1-12 亮度对比度

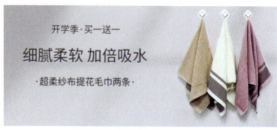

图5-1-13 蒙版遮挡与调色

步骤5：使用【圆角矩形工具】 ⬛ 为"开学季•买一送一"文本加上圆角矩形进行装饰，圆角矩形的宽【W】为260像素，高【H】为50像素，角半径为25像素（即【H】的50%），填充为无，边线为1像素黑色单实线，为圆角矩形添加"投影"图层样式，投影的颜色为白色，距离为2像素。效果如图5-1-14所示。

图5-1-14 圆角矩形边线装饰

步骤6：复制已经完成的圆角矩形，按Ctrl+T捷键执行"自由变换"命令，将复制得到的圆角矩形移动到文本"超柔纱布提花毛巾两条"图层下方，适当调整新圆角矩形的宽度，改变其填充颜色为灰色（#b2ac9e）、边线为无，效果如图5-1-15所示。

图5-1-15 圆角矩形底色装饰

步骤7：为了突出毛巾产品的吸水效果，使用【矩形工具】在文本"加倍吸水"下方添加一个细长的矩形进行装饰，矩形填充颜色为灰色（#b2ac9e），无描边。完成本案例操作，效果如图5-1-16所示。

图5-1-16 公众号首图

经验之谈

应用图层样式是添加文字深度最经常用的办法，另外还常通过符号、图形来装饰文字，让文字能够更加生动有趣。

子任务2 设计公众号海报

设计公众号
海报

刘思妤在参考很多商品促销类的推文后发现，推文内的海报能够更直观、更具体地呈现产品或者说明促销活动的情况，因此为了使公众号毛巾促销推文的阅读者能够更细致地了解毛巾的材质与使用感受，她着手设计与推文相对应的海报。

步骤1：按Ctrl+N组合键执行新建文件命令，新建【宽度】为1080像素、【高度】为1920像素、分辨率为72像素/英寸、颜色模式为RGB的画布。按Alt+F+L组合键执行"置入嵌入对象"命令，将素材"桌子.png"和"洗手池.png"置入画布中，并适当调整其位置。效果如图5-1-17所示。

步骤2：在图层面板上，鼠标定位在"洗手池"图层上方点右键，选择"删格化图层"命令，将智能对象转换成普通图层。用【矩形选框工具】选中"洗手池"镜子到最上端的墙的部分，按Ctrl+T命令，适当延长左边的墙，使其能布满左边的画布。设置背景色为浅灰色（#f0f0f0），选择背景图层，按Alt+Del填充前景色。效果如图5-1-18所示。

步骤3：按Alt+F+L组合键执行"置入嵌入对象"命令置入"光影.png"，适当改变其大小、位置，将其所在图层的不透明度设置为50%。给光影图层添加图层蒙版，用黑色到白色的渐变色填充蒙版，使光影与背景自然融合。效果如图5-1-19所示。

图5-1-17 置入背景图像

图5-1-18 生成墙面

步骤4：按Alt+F+L组合键执行"置入嵌入对象"命令，置入"产品1.png"，按Ctrl+T键使用自由变换命令适当调整产品的大小与位置，使其放置在桌子上。同理，置入"产品2.png"，给产品2图层添加图层蒙版，使用画笔适当调整其蒙版，使产品2能与背景较好地融合。执行【图像】-【调整】-【亮度/对比度】命令，设置亮度为5，对比度为20，适当调整产品的亮度和对比度。效果如图5-1-20所示。

图5-1-19 添加装饰元素

图 5-1-20 添加产品

步骤5：置入"灯.png"并适当调整其大小与位置。添加并编辑文案，字体统一使用"思源黑体 CN"，完成本案例。结果如图5-1-21所示。

图5-1-21　添加文案

经验之谈

场景的设计除了应用颜色、物体外，还通常借助光影图片的应用来添加场景的真实与美观性。

子任务3　设计公众号结尾引导图

设计公众号
结尾引导图

刘思妤通过调查了解到，要想让自己的公众号推文能够获得更多读者粉丝的青睐，不仅要有吸睛的标题和排版好看的内容，微信公众号结尾的引导图也要有吸睛的作用，让大家对公众号感兴趣，因此她决定也要设计一张结尾引导图。刘思妤决定使用接近国人肌肤的黄色作为结尾引导图的主色，以营造柔和、合适的感觉。

步骤1：按Ctrl+N组合键执行新建文件命令，新建【宽度】为900像素、【高度】为350像素、分辨率为72像素/英寸、颜色模式为RGB的画布，设置前景色为肌肤色（#d0ac86），按Alt+Del快捷键，用前景色填充背景图层。

步骤2：按Alt+F+L组合键执行"置入嵌入对象"命令，将二维码置入画布的左边，为二维码添加描边的图层样式，描边大小为5像素、颜色为红色（#ff0000）。效果如图5-1-22。

图5-1-22　填充背景及素材描边

步骤3：使用【文字工具】输入关注相关的文字，设置字体为思源黑体 CN，大小为72点，为文字添加"外发光"的图层样式，发光大小为8像素。效果如图5-1-23所示。

图5-1-23　公众号结尾引导图

四、应用实操

1.举一反三

随着天气变热，人们出行常会备防晒霜，广州某化妆品公司希望打造一款爆款的防晒霜，该防晒霜的特点是亲肌肤、有茉莉花清香味，为了吸引更多的用户了解这款产品，公司的推广策略是"五一"假期期间老用户任意购物送1瓶防晒霜，新用户关注公众号后免费送1瓶防晒霜，活动以公众号为主进行宣传，现在请设计这款防晒霜公众号推文的首图、海报及结尾引导图。

2.实操要求

①首图、海报及结尾引导图在同一次推文中使用，设计风格要统一。

②设计的图片颜色应用、版式设计要合理，整体美观，文案的辨识度要高，能够让用户较容易了解到产品的特点及活动的内容。

③有知识产权意识，所使用的字体与图片等素材不侵权，设计的图片能够商用。

五、任务评价

评价对象	营销内容的呈现	产品抠图	文字设计	整体美观性
读者自评	□优秀	□优秀	□优秀	□优秀
	□良好	□良好	□良好	□良好
	□合格	□合格	□合格	□合格
小组评价	□优秀	□优秀	□优秀	□优秀
	□良好	□良好	□良好	□良好
	□合格	□合格	□合格	□合格
教师评价	□优秀	□优秀	□优秀	□优秀
	□良好	□良好	□良好	□良好
	□合格	□合格	□合格	□合格
企业评价	□优秀	□优秀	□优秀	□优秀
	□良好	□良好	□良好	□良好
	□合格	□合格	□合格	□合格

任务二　直播间视觉设计

一、情境导入

湛江市某地区的扶贫工作组最近找到刘思好同学所在的湛江市腾飞网络科技有限公司，希望公司利用他们的技术与人才，协助扶贫工作组搭建直播间，一起参与助农直播活动，利用直播带货帮助销售当地特色农产品。公司感觉这事意义非凡，马上联合扶贫工作组成助农直播工作组，共同推进助农直播的事项。刘思好同学作为助农直播工作组的成员，负责完成本次直播间的视觉营销设计任务。

二、知识解析

（一）直播带货概述

直播带货是当前应用最为广泛的电商营销方式，几乎所有的电商公司都设置与直播相关岗位或者部门。随着人工智能、大数据、物联网等新技术的应用不断加深，未来直播带货市场还会不断发展壮大。品牌化和专业化将成为未来直播带货的发展趋势，品牌化可以通过提高产品质量和服务水平来吸引更多的消费者，专业化可以通过提高主播的专业能力和服务水平来提高购买转化率和销售额。直播带货的另一个发展趋势是产业链协同，未来直播带货市场的竞争不仅仅是主播团队之间的竞争，还需要涉及产品研发、生产制造、物流配送、售后服务等整个产业链的协同。此外，数字人直播的应用会越来越广泛，会逐步取代部分真人直播。

在直播带货平台方面，当前抖音、快手、淘宝处于第一梯队，抖音与快手依靠直播和短视频来获取流量，抖音主要依托于平台的公域流量，而快手偏私域流量。处于直播带货第二梯队的是小红书、哔哩哔哩、拼多多、京东、微信和微博。小红书用户多为年轻人，美妆护肤、时尚穿搭类直播带货做得较为出色；哔哩哔哩主要用户为读者，二次元文化会比较多；而拼多多、京东、微信和微博则是利用自己的平台优势来做直播带货。

（二）直播场景的选择或搭建方法

为了吸引更多的受众关注自己的直播间，能够花更多时间待在自己的直播间，所有的主播都会选择或者搭建好自己的直播场景，如旅游主播会选择旅游地点作为自己的直播场景，教学类的直播会选择现场教学的场景，电商带货直播会选择与产品使用场景相关的环境作为工作间等。直播场景构成的方法一般有以下3种。

①直接使用现实中的场景。如抖音直播大部分都选择现场直播，场景即是主播所在

的现场，此方法实现简单，仅凭手机就可以直接实现。图5-2-1左图为某助农直播在桃园现场直播卖桃子，图5-2-1右图为某主播在家居展馆现场卖家居用品。

图5-2-1　现实场景直播背景

②使用图片。通过设计与直播间主题相关的海报图片，将图片打印出来放置主播后方，营造图片形式的虚拟背景，如图5-2-2所示。

图5-2-2　图片形式直播背景

③利用直播平台的抠视频技能，构建虚拟的直播背景，大部分直播软件都能实现虚拟背景的功能。此方法中真实的直播背景常为绿幕或者蓝幕，因为绿幕较容易抠视频。

图5-2-3　虚拟场景直播背景

经验之谈

直播间背景图的标准尺寸为750×1 330像素，9∶16的比例，但因为手机的标准不一样，直播间背景图的尺寸一般做成1 125×2 240像素，给调整留下余地。另外，为了让背景图更加清晰，建议将图片格式设置为jpg或png。

（三）直播间视觉营销设计要点

直播间常见的视觉营销元素包括以下几个方面。

1.品牌标识和Logo

在直播中展示品牌的标识和Logo，以增加品牌曝光度和认知度。这可以通过直播间的背景、主播的服装或饰品等方式呈现。如图5-4-2所示，蓝月亮直播间将"蓝月亮旗舰店直播间"字样放置在左上角。

2..色彩和风格

选择与品牌形象相符合的色彩和风格来构建直播的视觉感受。比如，时尚品牌可以选择时尚、亮丽的色彩；高端品牌可以选择简洁、大气的风格。如图5-2-4所示，蓝月亮直播间将色彩设置为蓝色，与公司的产品、

图5-2-4　蓝月亮直播间

海报等设计常用的颜色一致。

3.视觉展示商品

在直播中清晰展示商品的外观和细节，通过高清摄像和适当的放大镜效果让观众更好地了解产品特点。可以使用多角度拍摄、特写镜头等手法，突出商品的优势和特色。如图5-2-4所示，蓝月亮直播间将商品放置在观众最容易看到的正前方。

4.悬浮贴和可点击元素

在直播画面中添加悬浮贴、可点击元素，如商品标签、购买链接等，方便观众获取更多信息、参与互动或直接购买商品。如图5-2-4所示，蓝月亮直播间将悬浮贴放置在直播画面的右边，以方便观众了解和点击。

5.动画和过渡效果

运用一些动画和过渡效果，增加直播的视觉吸引力和流畅度，使观众的观看体验更加舒适和愉悦。

6.背景布置

设置符合品牌形象或产品特点的背景布置，营造出与商品相关的氛围和场景。可以通过道具、灯光、背景画面等方式进行装饰。

7.直播预告海报

直播预告海报通常是在直播活动开始前进行活动宣传与造势使用，或者是在期间或直播间隙，告知观众下一阶段直播概要的情况下使用。直播预告海报需向受众展示直播主题、直播时间、直播平台、直播主体（或者主播、直播团队）、直播促销概要等信息。

（四）直播间悬浮贴设计

悬浮贴是指在直播画面中飘浮显示的标签或贴纸。它们可以是透明的、半透明的或有一定的装饰效果，用于吸引观众的注意力，并提供额外的信息或互动。因同一用户在同一直播间停留的时间一般来说都比较短，电商带货直播有一些需高频呈现的内容，如满100送40、买一送一、定时抽奖等信息需要认真规划，要做到既能向用户及时、清楚地传达信息，又不可过多影响直播的画面。常用的处理办法是固定不变的信息通过静止的悬浮贴来传达，动态变化的内容通过动态的悬浮贴来处理。如图5-2-5所示，红框内的就是静止的悬浮贴，黄框内的就是动态的悬浮贴。

图5-2-5　悬浮贴应用

三、任务实施

刘思好考虑到扶贫工作组助农直播销售的都是农产品、农副产品，决定使用绿色为主色调进行直播间背景图、直播预告海报和直播间悬浮贴的设计，营造健康的概念，打造一个新鲜产品、绿色健康的提供者角色的直播号。

子任务1　设计直播间背景

步骤1：按Ctrl+N组合键执行新建文件命令，新建【宽度】为1 125像素、【高度】为2 240像素、分辨率为72像素/英寸、颜色模式为RGB的画布。用鼠标将素材"草坪.png"和"天空.png"拖入新建的画布中，天空图层在下方，草坪图层在上方，并适当调整图层的位置与大小。用【吸管工具】点击天空图片中浅蓝色的位置，设置前景色为浅蓝色，选择"背景"图层，按Alt+Del快捷键"背景"图层填充为浅蓝色（#97ccef），效果如图5-2-6所示。

步骤2：按Alt+F+L组合键执行"置入嵌入对象"命令，将素材"云1.png""云2"和"云3.png"置入画布中，并适当调整图层的位置与大小。效果如图5-2-7所示。

图5-2-6　基本背景

图5-2-7　添加云朵

　　步骤3：输入"电商连接乡村"字样，字体为"阿里巴巴普惠体"，字体大小为150像素，文字颜色为白色，对齐方式为居中。为文字添加大小为10像素、位置为外部，颜色为绿色（#349229）的描边。复制文字图层，选择将下方的文字图层，用选择移动工具，分别按2次向下箭头及向右箭头，将图层向下和向右移动2个像素，以增加文字的深度。文字效果如图5-2-8所示。

图5-2-8　标题

　　步骤4：输入"携手助农 爱心传递"字样，字体为"阿里巴巴普惠体"，字体大小为60像素，文字颜色为绿色（#349229）。使用【圆角矩形工具】⬛，在文字的正下方制作一个圆角矩形，矩形的【W】和【H】都为635像素、105像素、角半径为52.5像素，填充色为白色，描边大小为3像素、白色，为此圆角矩形添加"内阴影"的图层样式，效果及圆角矩形的参数如图5-2-9所示。

图5-2-9　辅标题

步骤5：再次使用【圆角矩形工具】 ⬚ 在白色矩形下方创建一个圆角矩形，圆角矩形的【W】和【H】都为670像素、130像素、角半径为65像素，填充色为绿色（#349229）。复制当前的绿色圆角矩形，更改其填充色为深绿色（#127408），用选择移动工具，分别按2次向下箭头及向右箭头，将图层向下和向右移动2个像素。标题文字制作完毕，效果如图5-2-10所示。

图5-2-10　辅标题装饰

步骤6：按Alt+F+L组合键执行"置入嵌入对象"命令，置入"猪.png"图片，按Ctrl+T键后点右键，选择"水平翻转"命令，同时调整控制框，将猪调整到整个画布右下角位置。复制"猪"图层，将复制后的"猪拷贝"图层拉到"猪"图层的下方，按Ctrl+T键后点右键，选择"垂直翻转"命令，使阴影倒过来。为"猪拷贝"图层添加"颜色叠加"的图层样式，叠加的颜色为黑色，并通过【滤镜】-【模糊】-【高斯模糊】命令使图层模糊，"高斯模糊"的半径为3像素。按Ctrl+T键后点右键，选择"斜切"命令，适当调整阴影图层的布局，设置图层不透明度为50%，使"猪拷贝"图层成为更自然一些的猪的倒影。同理，置入"鸡.png"图像并制作其倒影，完成整体操作，效果如图5-2-11所示。

图5-2-11　直播间背景

子任务2 设计直播预告海报

设计直播
预告海报

步骤1：按Ctrl+N组合键执行新建文件命令，新建【宽度】为1080像素、【高度】为1920像素、分辨率为72像素/英寸、颜色模式为RGB的画布。

步骤2：设置前景色为#98d87e、背景色为#67c77d，用【渐变工具】![icon]从上到下填充背景图层。按Alt+F+L组合键执行"置入嵌入对象"命令，置入"高光.png"图像，设置其图层不透明度为70%。同理置入 "网格.png"，设置其混合模式为"划分"。效果如图5-2-12所示。

步骤3：使用【矩形工具】![icon]创建矩形1，矩形的宽为1080像素、高为580像素，填充色为白色，使用"钢笔工具"并按ALT键点击左上角的描点并向两边拖动，得到描点的方向线后通过控制方向线调整矩形的形状，使矩形的形状如图5-2-13所示。复制"矩形1"图层为"矩形1 拷贝"，改变其填充色为绿色（#67c77d），使用【钢笔工具】![icon]选中最右上角的描点，按向下方向键使其下移6像素，效果如图5-2-14所示。

图5-2-12 背景   图5-2-13 背景装饰1   图5-2-14 背景装饰2

步骤4：置入"中心圆"，将其放置在网格的中心位置并用Ctrl+T自由变换命令适当更变其大小，置入"展台1"和"展台2"， 用Ctrl+T自由变换命令适当变更其大小与位置，效果如图5-2-15所示。

步骤5：分别置入产品图片，按Ctrl+T组合键，使用自由变换命令适当调整产品的位置与大小，效果如图5-2-16所示。

步骤6：复制"中心圆"图层，在图层面板中将复制出来的中心圆移到"背景"图层上方，按Ctrl+T组合键，使用自由变换命令适当调整其位置与大小，同理，在产品的左右两边制作装饰作用的小中心圆，效果如图5-2-17所示。

图5-2-15　搭建展示平台

图5-2-16　置入产品

图5-2-17　添加装饰元素

步骤7：置入Logo"小贸商城.png"，并为其添加颜色为浅绿色（#3f9b44）、混合模式为"正片叠底"、不透明度为20%、角度为107度、大小为6像素的描边。

步骤8：输入"正宗农家土特产"字样，字体为"尔雅新大黑"，大小为140像素、颜色为白色，为其添加距离为9像素、颜色为绿色（#39a150）的投影。复制文字图层并将复制后的图层拉到下方，将其投影改为距离为20像素、颜色为浅绿色（#29aa45），为其添加13像素、颜色为鲜绿色（#54c06c）的描边。效果如图5-2-18所示。

图5-2-18　直播间主标题

步骤9：输入"# 蔬菜生鲜全场低价购 #"字样，字体为"思源黑体 CN"，大小为66像素、颜色为白色。在文字正下方用【圆角矩形工具】▢制作一个大小为790×105像素、颜色为黄色（#f4a53e）、描边为1像素、角半径为52.5像素的圆角矩形，为圆角矩形添加混合模式为"柔光"、内容为黑到白色、角度为90度的"渐变叠加"的图层样式。效果如图5-2-19所示。

图5-2-19　直播间辅标题

步骤10：在画布下端分别输入相应文本，文字大小分别为98像素、52像素，字体为"思源黑体 CN"，字体颜色分别为白色、黑色。用【圆角矩形工具】 ⬤ 分别创建一黑一白的两个圆角矩形，置入"查找.png"图片及输入"抖音搜索"和"小小贸"。

结合【椭圆工具】 ⬤ 和蒙版在文字"爆款秒杀低至9.9元"的左上角创建一个淡黄色（#bfe282）的装饰性椭圆，复制装饰性椭圆图形到文字右边，适当修改其角度，完成整体制作，最终效果如图5-2-20所示。

图5-2-20　直播预告

经验之谈

通过多种图层样式的设置，或者通过复制与修改颜色从而产生内容相同、颜色不同的多个图层重叠在一起，是添加文字深度的常用方法。

子任务3　设计直播间悬浮贴

设计直播间
悬浮贴

步骤1：使用【文件】-【新建】命令，新建【宽度】为1242像素、【高度】为2280像素、分辨率为72像素/英寸、颜色模式为RGB、背景内容为透明的画布。

步骤2：设置前景色为草绿色（#b2e2a6），使用快捷键Alt+Del将前景色填充到图层1中。选用【圆角矩形工具】 ，设置属性为路径，绘制一个【W】为1160像素、【H】为1260像素的路径，角半径为30像素，路径位于【X】为42像素、【Y】为564像素的位置，按Ctrl+ Enter组合将路径变成选区，按Del删除选区内的内容。路径内的区域为直播画面展示的区域。

步骤3：在悬浮贴上方输入活动文案"看直播享好礼"与"— 绿色健康 持续新鲜—"。"看直播享好礼"大小为160像素，字体为"优设标题圆"，水平居中对齐，设置绿色（#459f68）-墨绿色（#1f5e32）的渐变叠加及投影的图层样式。"— 绿色健康 持续新鲜—"大小为56像素，白色，字体为思源黑体 CN，水平居中对齐，增加一个【W】为700像素、【H】为

图5-2-21　悬浮贴框架及标题

88像素、角半径为44像素的绿色（#459f68）的圆角矩形作衬托，圆角矩形的渐变叠加图层样式与主标题的一致（拷贝图层样式、粘贴图层样式）。效果如图5-2-21所示。

步骤4：选择"圆角矩形 1"后按Ctrl+J组合键执行图层拷贝新建命令,复制出"圆角矩形 1 拷贝"，设置其【W】为350像素、【H】为250像素，添加3像素、颜色为浅蓝色（#a5d4b7）的描边，位置调整到透明框的左上角，新建图层组"组1"，将"圆角矩形 1 拷贝"拖到图层组中，效果如图5-2-22所示。

图5-2-22　标签制作

步骤5：按Ctrl+J组合键执行图层拷贝新建命令，复制图层组里的圆角矩形"圆角矩形1拷贝"，取消其"渐变叠加"的图层样式，增加其"颜色叠加"图层样式，颜色为白色，选择【移动工具】➕后按向上方向键5次轻移白色圆角矩形。再次复制"圆角矩形1拷贝"将其拖放到白色圆角矩形上方，设置其【W】为250像素、【H】为65像素，位置在白色圆角矩形的下端。添加颜色为白色、字体为思源黑体 CN的文字"热卖Top1"，效果如图5-2-23所示。

图5-2-23　标签

步骤6：执行【文件】-【置入嵌入对象】命令，将素材"橙子"置入画布中，调整其位置大小，使照片的好看部分显示在白色圆角矩形中，调整其图层顺序，使橙子所在图层位于白色圆角图层矩形图层和绿色小圆角矩形图层的中间，按Alt+Ctrl+G创建剪贴蒙版，效果如图5-2-24所示。

图5-2-24　添加产品

步骤7：复制图层组"组1"2次，用【移动工具】 并按Ctrl拖动复制后的图层组，调整其位置，分别更改图片内容及相应文字，效果如图5-2-25所示。

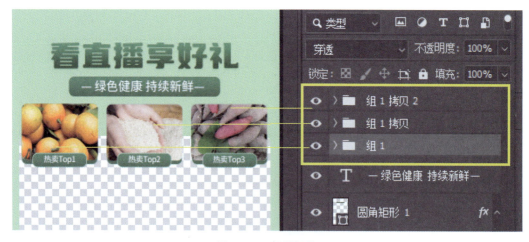

图5-2-25　复制标签

步骤8：复制"看直播享好礼"图层到画布下方，更改其内容为"直播间专享福利"，字体为思源黑体 CN，大小为100像素，拖动图层到图层面板的最上方。新建图层组"组2"，在组2里新建【W】为340像素、【H】为190像素、半径为30像素的圆角矩形，圆角矩形左上角到右下角为绿色（#459f68）-墨绿色（#1f5e32）的填充、金色（#fbb217）-黄色（#f9dd56）的描边，为其添加作斜面和浮雕、内阴影、投影的图层样式。在圆角矩形上方添加字体为思源黑体 CN 的相应文字，效果如图5-2-26所示。

图5-2-26　福利标签

步骤9：复制图层组"组2"2次，调整复制后的图层组的位置，分别更改相应文字，效果如图5-2-27所示。

图5-2-27　复制福利标签

步骤10：在画布中间偏右的地方新建一个【W】为320像素、【H】为960像素、半径为30像素的圆角矩形，圆角矩形上到下为绿色（#449763）到墨绿色（#1f5e32）的填充、无描边。在上端输入"直播福利"，字体为优设标题圆、大小为70像素。输入"11月11日0点开抢"，字体为思源黑体 CN，为其制作黄色底、【W】为260像素、【H】为50像素、半径为25像素的圆角矩形作为底衬。

步骤11：新建图层组组3，在组3里新建【W】为260像素、【H】为220像素、半径为30像素的圆角矩形，圆角矩形的填充色为白色，为其添加绿色（#449763）的内发光和投影的图层样式。编辑文字，用尔雅新大黑字体编辑价格文字，用思源黑体CN字体编辑其他文字。使用绿色的底色圆角矩形制作"点击领取"按键。效果如图5-2-28所示。

图5-2-28 优惠券领取标签

步骤12：用类似步骤9的方法，复制图层组"组3"2次，调整复制后的图层组的位置，分别更改相应文字，最终整体效果如图5-2-29所示。

图5-2-29 直播间悬浮贴

经验之谈

设计过程中要生成如图5-2-29所示的多个样式一样的图像元素时，最常用的办法是将相同样式的内容放在一个图层组内，通过复制、修改移动图层组来生成多个形态一致的元素。

四、应用实操

1.举一反三

"阿隆索"是一家专注做智能音箱的厂家，该公司的产品涵盖耳机、音箱、家庭K歌智能点唱系统等，公司产品质量较好，针对的主要客户是中高收入人群。现公司计划在国庆节期间推出"满200减50"、"满500减120"、买任意一款家庭K歌智能点唱系统送耳机的促销活动，请设计其抖音直播间背景、直播预告海报和直播间悬浮贴。

2.实操要求

①设计的图片要与国庆节紧密相关，使用的主颜色要求为红色。

②设计的图片要能体现活动的促销情况。

③系列作品设计风格一致，能打造某一种理念或给人留下较为固定的印象。

④文案要能挖掘产品的突出卖点，力争满足中高端客户的需求。

五、任务评价

评价对象	能紧扣国庆促销主题	能体现活动情况	有统一的设计风格	潜在客户的针对性体现
读者自评	□优秀	□优秀	□优秀	□优秀
	□良好	□良好	□良好	□良好
	□合格	□合格	□合格	□合格
小组评价	□优秀	□优秀	□优秀	□优秀
	□良好	□良好	□良好	□良好
	□合格	□合格	□合格	□合格
教师评价	□优秀	□优秀	□优秀	□优秀
	□良好	□良好	□良好	□良好
	□合格	□合格	□合格	□合格
企业评价	□优秀	□优秀	□优秀	□优秀
	□良好	□良好	□良好	□良好
	□合格	□合格	□合格	□合格

任务三　短视频视觉设计

一、情境导入

渔业是湛江地区的特色产业，该市一家专注深海养殖的公司小贸渔业是刘思好所在公司的客户。腾飞公司为其代运营网络营销推广的业务，公司希望在做好直播的基础上，通过在不同的短视频平台上推广制作精良的短视频，以使更多的人通过不同的途径了解深海鱼的产品优点，了解深海鱼的养殖情况等。在公司的安排下，刘思好负责该公司短视频账号设计的任务。经过实地考察和图片、视频的拍摄，再与公司反复沟通，了解公司的营销需求后，刘思好开始了短视频相关的视觉设计工作。

二、知识解析

（一）国内短视频行业发展历程

随着5G通信时代的进步和终端设备的丰富、普及，互联网内容形式经历了由文字到图片再到视频的变化，视频化大势所趋，带来巨大行业机会。短视频由于时长短、创作门槛低，内容来源多样，契合用户碎片化时间和多样场景下的娱乐需求，出现爆发式增长，成为新的流量洼地，也是内容表达的主流形式之一。国内短视频行业经历了四个发展阶段，如图5-3-1所示。

1.萌芽起步期（2011—2015年）

各大公司基于自己原始产品形态衍生出短视频功能，如快手的短视频社区、迅雷的有料、腾讯的微视短视频、微博上线秒拍和短视频制作工具小影上线、微信的6秒"小视频"功能、美图秀秀推出的美拍。专业用户生产内容（简称PUCG模式）、工具模式和专业生产内容（简称PGC模式）组成了短视频行业鼎立格局。

2.快速发展期（2016—2017年）

字节跳动互联网入局，推动行业爆发，巨头纷纷入局短视频。2016年，字节跳动上线抖音和火山小视频，抖音以音乐短视频切入，凭借大规模宣传引流和强劲的运营能力迅速走红；2017年，更多互联网巨头入局：土豆正式转型短视频平台，头条视频升级为西瓜视频，腾讯重启微视，百度上线好看视频，360上线快视频。

3.行业整顿期（2018—2019年）

2018年，抖音、快手、秒拍等十余家短视频平台被约谈整顿，监管引领行业进一步规范化。此外，主流媒体及政务新媒体等也陆续布局短视频，如2019年11月，央视频正式上线。

4.稳定沉淀期（2019年以来）

抖音、快手头部集中度提高，商业模式不断成熟+拓展，微信携视频号入局。抖音凭借深挖用户喜好的推荐算法和强运营，快手通过打造繁荣的私域社区，在短视频竞争中突围，形成两强格局。此外，社交和长视频平台也向短视频渗透：微信、微博上线视频号，爱奇艺推出随刻短视频App。同时，短视频平台在直播打赏、广告方面逐渐探索出较成熟的盈利模式，并加码布局电商拓展变现渠道，内容形式上从泛娱乐平台转变为信息入口。

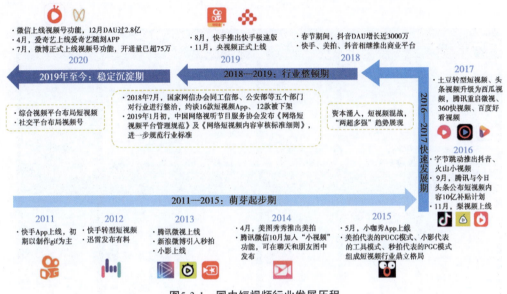

图5-3-1　国内短视频行业发展历程

（数据来源：国元证券《降本增效，用户破圈，商业化释放潜力》）

（二）短视频视觉营销设计规范

短视频行业作为数字经济迅速发展的新兴行业，为确保视频能够吸引用户、传递有效信息并提升品牌形象，视觉营销设计时需综合考虑图片、视频画面、音效等方面，具体来说包括：

1.辨识度高的账号形象

短视频个人账号主页包括个人头像、账号名称和账号简介，设计辨识度高的短视频账号形象，可以增强短视频内容的记忆点，提高用户的关注度。如图5-3-2所示，潘姥姥、李子柒等人物型账号采用了人物头像，今日头条、人民网等官方类账号采用了官方Logo。

2.引人注目的缩略图

设计一个吸引人的缩略图，以增加用户点击观看视频的概率。选择鲜明的颜色、有趣的图像、显眼的主题文案或引人入胜的元素，能够吸引用户的眼球并激发兴趣，提高视频点击率，如图5-3-3所示。

图5-3-2　抖音平台上部分头部账号信息

图5-3-3　故宫博物院抖音平台视频缩略图

3.文字排版设计

在视频中使用字幕和文本来补充信息和强调重点。选择易读的字体和合适的字号，确保字幕与背景形成对比，并适时出现，以便用户能够轻松地理解内容。常用的字幕排版有居中对齐、分层叠加、底部悬浮和动态字幕，如图5-3-4所示。

图5-3-4　常见字幕排版形式

4..视频剪辑和合成

使用专业的视频编辑软件，对录制好的片段进行剪辑、调整顺序、添加过渡效果，并将不同元素组合成完整的视频作品。同时，通过添加特效、过渡、转场和动画效果，增强视频的视觉吸引力和表现力。

5.音频制作和配乐

根据视频内容和风格，选择合适的背景音乐、音效和语音配音，增强观众的观看体验。

6.媒体适配和发布

根据不同的媒体平台要求，将设计好的视频进行适配和优化，确保在各种设备和渠道上播放效果良好。常见的短视频平台尺寸如下。

序号	平台	横屏	竖屏	正方形
1	抖音		1080×1920 像素 （9：16 比例）	1080×1080 像素 （1：1 比例）
2	快手		1080×1920 像素 （9：16 比例）	1080× 1080 像素 （1：1 比例）
3	微视		900×1600 像素 （9：16 比例）	
4	小红书		1242×2208 像素 （9：16 比例）	
5	B 站	1920× 1080 像素 （16：9 比例）	720×1280 像素 （9：16 比例）	
6	微博	1280× 720 像素 （16：9 比例）	750×1334 像素 （9：16 比例）	

（三）短视频视觉营销设计应用

1.抖音平台的个人主页背景图

个人主页背景图是粉丝点击个人用户头像时能够看到的上方图片，可以用于对账号进行二次重点介绍，深化用户对抖音号认知。该背景图片可以来自拍一张、相册选择、从图库选择三个途径，具体尺寸大小是1125×63像素。这个尺寸分上半部分和中间部分，上半部分：尺寸：1125×395像素，用于粉丝点击首页映入眼帘的直观内容。中间部分（红色区域）尺寸：633×633像素，只有下拉时才能看到下面的部分内容，如图5-3-1所示。

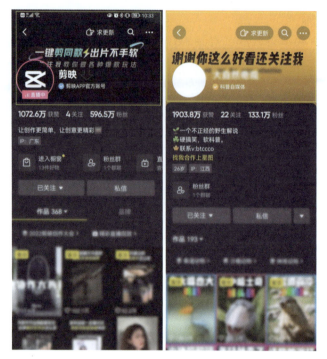

图5-3-5　短视频头图应用案例

2.短视频的填充背景图

为了降低拍摄成本，营造统一的播放效果，往往在拍摄短视频后为其添加一个填充背景图，使其显示比例从横屏变为正方形或者竖屏。常见的填充内容有：模糊背景、文字标题、品牌Logo和视频主题，如图5-3-6所示。

图5-3-6　短视频的填充背景图

三、任务实施

在这个食品安全被重点关注、人们对生活的品质要求不断提高的时代，深海鱼类商品作为定位中高端群体为主要消费对象的商品，视频号及相关视频至少应呈现以下内容：①产品的品质情况，如味道情况、营养价值情况、保健作用情况等；②通过环境的展示及养殖材料的展示等，呈现产品的安全可靠性；③呈现价格的情况。因此本次任务刘思好打算为小贸渔业优先制作短视频个人账号背景图，以及为横屏比例视频制作统一的视频背景图。

子任务1　设计短视频个人主页背景图

设计短视频个人主页背景图

步骤1：使用【文件】-【新建】命令，新建【宽度】为1125像素、【高度】为633像素、分辨率为72像素/英寸、颜色模式为RGB的画布。

步骤2：设置前景色为蓝色（#003473），使用快捷键Ctrl+Del将刚设置的深蓝色填充到背景图层中。按Alt+F+L组合键置入素材"背景"，调整图片的大小，使之能布满整个画布。点击图层面板下方的"添加图层蒙版"，选择【渐变工具】 ，使用"黑、白渐变"、按下Shift按键确保方向垂直的情况下填充蒙版，设置图层的不透明度为20%，效果如图5-3-7所示。

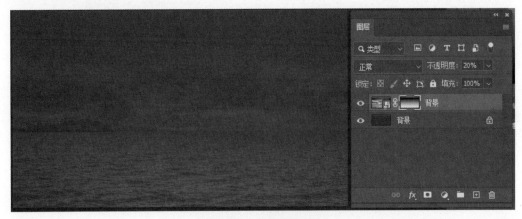

图5-3-7　短视频账号背景

步骤3：使用【圆角矩形工具】 ，在海平面正中间的地方新建一个【W】为425像素、【H】为60像素、角半径为30像素，填充色为白色的圆角矩形，效果及圆角矩形参数如图5-3-8所示。

步骤4：安装提供的字体"字制区喜脉体"，分别用该字体输入36点、30点、80点大小的文字"@小贸渔业""Thank you for your attention""谢谢你这么好看还关注我"，文字采用居中对齐的排版，结果如图5-3-9所示。

图5-3-8　文字底衬

图5-3-9　短视频头图

子任务2　设计短视频的填充背景图

设计短视频的
填充背景图

步骤1：使用【文件】-【新建】命令，新建【宽度】为1242像素、
【高度】为2208像素，分辨率为72像素/英寸，颜色模式为RGB的画布。
设置前景色为蓝色（#042667），按Alt+Del用前景色填充背景图层。按Alt+F+L组合
键置入图片"海面"，调整图片为实际大小的50%，对齐方式为水平居中对齐、底对
齐，为图层添加蒙版，选择【渐变工具】 ▢ 用"黑、白渐变"填充蒙版，设置图层
的不透明度为40%，混合模式为"柔光"。效果图5-3-10所示。

步骤2：分别使用【矩形工具】 ▢ 、【椭圆工具】 ◯ 、【多边形工具】 ⬡ （设
置边数为3）制作白色矩形、灰色正圆形及白色的三角形，此区域表示为短视频放置的
区域，效果如图5-3-11所示。

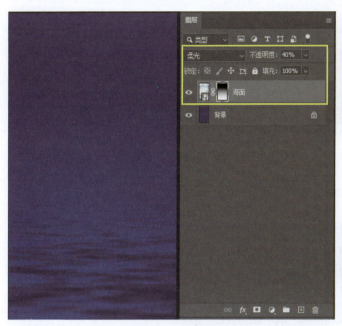

图5-3-10　背景处理　　　　　　　　　　　图5-3-11　短视频区域

步骤3：分别使用【矩形工具】在白矩形的左上方添加淡黄色（#f9cc47）和白色的矩形。淡黄色矩形添加"图案叠加"及"描边"的图层样式，图案为"对角线3"，不透明度为15%，描边大小为5像素，描边的颜色为黑色，矩形上添加白色的相应文字，字体为"优设标题黑"，为文字添加"描边"的图层样式，描边大小为5像素；同理，编辑白色矩形及其文字。效果如图5-3-12所示。

图5-3-12　文字编辑

步骤4：用钢笔工具在白矩形的下方绘制一个白色的对话框形状的图形并添加5像素的描边，添加相应的文字，完成操作，结果如图5-3-13所示。

图5-3-13　短视频背景图

设计短视频
缩略图

子任务3　设计短视频缩略图

步骤1：使用【文件】-【新建】命令，新建【宽度】为1920像素、【高度】为1080像素，分辨率为72像素/英寸、颜色模式为RGB的画布。使用【渐变工具】 ![渐变工具]，按左上角渐变色为蓝色（#00459a）-右下角渐变色为深蓝色（#001a5c）的颜色填充背景图层。用鼠标将素材"光影"拖入画布中，设置其混合模式为"明度"，不透明度为15%，用鼠标将素材"盘子"和"金鲳鱼"拖入画布中，"金鲳鱼"大小改为原来的90%、适当调整角度并添加"投影"的图层样式，复制出2条金鲳鱼并排列好。整体产品图片放置在左右方向的三分线上。结果如图5-3-14所示。

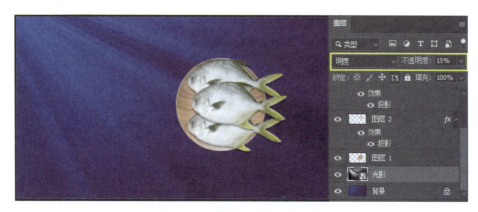

图5-3-14　背景设计及产品生成

　　步骤2：在金鲳鱼图片的左边，用左对齐的方式编辑文字。为了增加文字的深度，分别对文字进行如下设置："# 淡晒•腌制•生鲜 #"字体为75像素、颜色为浅黄色（#f4d787色）、字体为思源黑体，使用投影、内发光、描边（白色）的图层样式；"深海金鲳鱼"150像素，演示镇魂行楷（需安装），使用投影、渐变填充（浅黄（#ffffff）-金色（#efc99a颜色））的图层样式；"海味直供｜一手货源｜零售批发"75像素，黑色，思源黑体，底下有【W】为950像素、【H】为95像素、半径为10像素的白色的圆角矩形。效果如图5-3-15所示。

图5-3-15　文案编辑

　　步骤3：在金鲳鱼图片的右边用【椭圆工具】 ⬭ 制作一个宽高都为150像素的正圆，椭圆填充色为浅蓝色(#94b5ec)、设置2像素的白色描边。在正圆上添加字体为思源黑体CN的白色文字"长期供货"，字号为45点、行距为50点。文字设置如图5-3-16所示。

图5-3-16　文字设置

步骤4：用【移动工具】 ✛ 同时选中正圆图形及文字，按下Alt键的同时用鼠标左键拖动，复制出同一标签，双击图层面板将标签的颜色改为暗黄色（#c0895f），文字内容改为"信赖之选"，同理制作第三个颜色为暗绿色（#8c8128）、内容为"品质严控"的标签，结果如图5-3-17所示。

图5-3-17　复制及修改标签

步骤5：加上一大一小的金鲳鱼英文GOLD POMFRET和两条线条进行装饰，英文GOLD POMFRET的颜色为深蓝色（#04256a）、不透明度为50%，为其添加1像素的白色描边，线条为2像素、白色，完成操作，效果5-3-18如图。

图5-3-18　短视频缩略图

四、应用实操

1.举一反三

广州东方丽人服饰有限公司是刚刚成立一年的以旗袍生产、销售为主的公司，公司的目标客户为中等收入的中年女性，服装的风格主要是庄重、成熟、稳健。现公司为扩充宣传的渠道，需要打造自己的短视频账号，请为其设计短视频账号的个人主页背景图、短视频的填充背景图及视频缩略图。

2.实操要求

①短视频账号的个人主页背景图及短视频缩略图需要紧扣旗袍这个商品，需要使用到中国传统元素、风格符合大多数潜在客户的审美。

②颜色应用、版式设计要合理，整体美观。

③有知识产权意识，所使用的字体与图片等素材不侵权，设计的图片能够商用。

五、任务评价

评价对象	风格符合目标人群	中国传统元素应用	素材不侵权	整体美观
读者自评	□优秀	□优秀	□优秀	□优秀
	□良好	□良好	□良好	□良好
	□合格	□合格	□合格	□合格
小组评价	□优秀	□优秀	□优秀	□优秀
	□良好	□良好	□良好	□良好
	□合格	□合格	□合格	□合格
教师评价	□优秀	□优秀	□优秀	□优秀
	□良好	□良好	□良好	□良好
	□合格	□合格	□合格	□合格
企业评价	□优秀	□优秀	□优秀	□优秀
	□良好	□良好	□良好	□良好
	□合格	□合格	□合格	□合格

任务四　H5宣传页视觉设计

一、情境导入

湛江小贸商城装饰材料有限公司是一家集研发、生产、销售、施工于一体的新型建筑装饰材料实业型企业，多年来在新型环保建材、板材、吊顶以及软装领域取得了多项重要的科研成果，并且与众多具有规模和品牌影响力的实力工厂联合生产，形成市场战略联盟。该公司作为刘思好所在公司的服务对象，为了能够更便利地宣传公司，现准备制作传播起来更方便的H5版的产品宣传手册。作为公司新人，刘思好接受了为该公司设计H5宣传手册的任务。

二、知识解析

（一）认识H5

H5就是互动形式的多媒体广告页面，它就像一个很大的容器，里面可以放文本、图片、音视频等基本的流媒体格式的文件，人们常用它来制作邀请函、企业宣传手册等，图5-4-1为H5邀请函的部分页面。其中第一页为封面，后面的页面为部分的内页。

图5-4-1　H5邀请函

（二）H5营销页面设计技巧

1.简洁明了的布局

H5页面通常在移动设备上展示，因此需要考虑屏幕空间有限的情况。设计时应保持页面布局简洁明了，避免过多的元素和文字，突出核心内容。

2.响应式设计

H5页面需要适配不同尺寸的移动设备，因此采用响应式设计是必要的。确保页面在不同屏幕尺寸下能够自动调整布局和字体大小，提供良好的用户体验。

3.引人注目的视觉效果

通过运用吸引人的颜色、图片、图标等视觉元素，增加页面的吸引力。同时，注意使用合适的动画效果，但不要过度使用，以免影响页面加载速度和用户体验。

4.清晰的导航和操作

确保页面导航清晰易懂，方便用户浏览和操作。使用明确的按钮和链接，并提供可见的反馈，让用户清楚地知道他们正在进行的操作和当前所处的位置。

5.优化页面加载速度

在H5页面设计中，快速加载是非常重要的。优化图片大小和格式、压缩CSS和JavaScript代码、减少HTTP请求等措施都可以帮助提高页面加载速度，增强用户体验。

6.强调核心内容和CTA

电子商务H5页面的设计目的是促使用户进行购买或其他转化行为。因此，在设计中要突出显示核心产品或服务，并使用明确的呼吸动作（CTA）按钮引导用户采取行动。

7.考虑SEO优化

在设计H5页面时，要考虑搜索引擎优化（SEO），以便页面能够更好地被搜索引擎收录和排名。包括合理的标题标签、关键字优化、友好的URL结构等。

8.用户测试和反馈

设计完成后，进行用户测试和收集用户反馈是非常重要的。通过与真实用户的互动，了解他们的需求和体验，进一步改进和优化H5页面设计。

（三）H5在线制作工具

H5在线制作工具往往可以通过选择预设的H5模板进行自定义编辑，包括添加文本、图片、音频、视频、动画效果等元素，以及设置页面的交互和导航等功能。部分工具提供了丰富的素材库和动画效果，方便用户创建出吸引人的H5页面。常用的工具有以下几种。

1.H5魔方

H5魔方是一款免费的移动端H5制作工具，提供了多种模板和素材库，支持自定义编辑和添加交互效果。简单易用的拖放操作，不需要任何代码技能就可以创建自己的H5页面。

2.创客贴。

一款主打图像设计的在线工具，可以帮助创建H5页面包括海报、幻灯片和广告。

3.易企秀

易企秀是一款在线多媒体内容制作工具，包括H5页面在内，还可以制作PPT、视频等内容，提供丰富的模板和编辑功能。

4.百度H5

百度H5是百度推出的在线H5制作工具，提供了多种模板和素材，支持自定义编辑和导出H5页面。

5.51橙子

51橙子是一款在线H5动效制作工具，提供了多种预设模板和动画效果，用户可以根据需要进行编辑和定制。

三、任务实施

设计H5封面

子任务1 设计H5封面

步骤1：按Ctrl+N组合键执行新建文件命令，新建【宽度】为750像素、【高度】为1180像素、分辨率为72像素/英寸、颜色模式为RGB的画布。

步骤2：按Alt+F+L组合键，将素材"背景.png""灯饰.png""小贸商城.png"置入画布中，并适当调整背景的大小与位置，效果如图5-4-2所示。

步骤3：用【矩形工具】 ▣ 创建【宽度】为205像素、【高度】为195像素的矩形，为矩形添加【渐变叠加】效果，颜色为暗黄色（#d9a26d）-黄色（#e9cba0）。在矩形的右边分别输入相应的文本，并且调整文本的大小，文本为右对齐，文本共处在3个图层，字体均为"阿里巴巴普惠体"，字体大小为80像素或30像素，颜色均为黑色，效果如图5-4-3所示。

图5-4-2 背景设计   图5-4-3 标题编辑

步骤4：使用【矩形工具】█ 绘制矩形，【宽度】为680像素，【高度】为340像素，填充黑色，调整矩形的位置。按Alt+F+L组合键置入"场景图.png"，按Alt键的同时将鼠标光标放在矩形及场景图图层中间，按Alt+Ctrl+G创建剪贴蒙版。复制标题左边的矩形，放置在场景图下方，更改其【宽度】为680像素、【高度】为35像素，适当调整矩形位置，具体如图5-4-4所示。

步骤5：输入"全屋定制 品质保障"等方案内容，文本共处在3个图层，所有文案左对齐，字体为"阿里巴巴普惠体"，字体大小为44像素或26像素，调整行间距，复制一个场景图下方的矩形到"湛江小贸商城装饰材料有限公司"边上，适当调整矩形的【宽度】【高度】及位置。至此，完成所有操作，结果如图5-4-5所示。

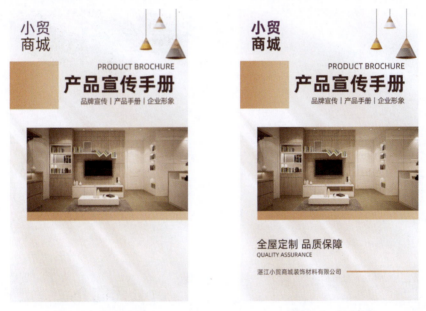

图5-4-4　加入主图　　　　　　　　　　　图5-4-5　H5封面

设计H5营销
长图

子任务2　设计H5营销长图

步骤1：按Ctrl+N组合键执行新建文件命令，新建【宽度】为750像素、【高度】为1180像素、分辨率为72像素/英寸、颜色模式为RGB的画布。

步骤2：按Alt+F+L组合键，将素材"背景.png"置入画布中，并适当调整背景的大小与位置。以左对齐的方式输入相应文案，字体均为"阿里巴巴普惠体"，大小为80像素、42像素，颜色均为黑色（#34292d）。用【矩形工具】█ 在文本左边创建矩形，为矩形添加暗黄色（#d9a26d）-黄色（#e9cba0）渐变叠加的图层样式。复制矩形图层，将矩形移动到文本下方并适当更改其长和宽。中文右上角，使用【椭圆工具】绘制椭圆，宽高均为18像素，并且设置填充颜色黄色（#e9cba0），效果如图5-4-6所示。

步骤3：使用【椭圆工具】 ◎ 绘制圆形，【宽度】为235像素，【高度】为235像素，填充为黑色，通过图层样式为其添加2像素的白色描边，调整圆形的位置，按Alt+F+L组合键，将素材"场景图.png"置入画布中，按Alt+Ctrl+G创建剪贴蒙版，选中场景图，用自由变换的快捷键：Ctrl+T适当调整其大小和位置。同理创作"场景图2.png""场景图3.png"的遮罩图层并适当调整其大小和位置，效果如图5-4-7所示。

图5-4-6　背景及标题　　　　　　　　图5-4-7　公司简介图片

步骤4：将文案内容"粘贴"到画面中，文本共处在3个图层，修改字体颜色为黑色（#34292d），调整文案位置，使其置于页面中间，字体为"阿里巴巴普惠体"，字体大小为26像素。复制英文下的配图矩形到"湛江小贸商城装饰材料有限公司"右边，适当调整其【宽度】和位置。至此，完成营销长图的第1版的制作，结果如图5-4-8所示。

步骤5：以"营销长图第1版.psd"的样式保存当前图片。用【文件】-【存储为】命令将图片另存为"营销长图第2版.psd"，删除"公司简介"配图及中间的长文案，保留情况如图5-4-9所示。

图5-4-8　H5营销长图第1版

　　步骤6：将"公司简介"改为"企业文化"，同理英文部分也作相应修改。用【矩形工具】■■绘制【宽度】为675像素、【高度】为165像素的矩形，矩形填充为黑色，通过图层样式为其添加2像素的白色描边，矩形为居中对齐。按Alt+F+L组合键置入"产品场景.png"，按Alt+Ctrl+G创建剪贴蒙版，用【自由变换】命令适当调整大小位置，效果如图5-4-10所示。

图5-4-9　模板清理　　　　　　　　　　图5-4-10　更改标题及配图

　　步骤7：新建图层组"1"，使用【矩形工具】绘制矩形，填充颜色为浅黄色（#f0e0cb），【宽度】为360像素，【高度】为60像素。复制"企业文化"下方的矩形到图层组"1"中，适当修改其长度及位置。复制"•服务内容深度"相关文案，字体颜色为黑色（#34292d），字体为"阿里巴巴普惠体"，大小为32或24像素。效果如图5-4-11所示。

　　步骤8：复制图层组"1"，用【移动工具】✛将图层组适当下移，将文案内容更改为"专业品质的宽度"相关内容。同理再次复制图层组"1"，将文案内容更改为"•全新材料环保安全"相关内容，完成所有操作，结果如图5-4-12所示。

| 图5-4-11　加入文案 | 图5-4-12　H5营销长图第2版 |

四、应用实操

1.举一反三

广州百年美好婚纱有限公司是广州当地新开不久的婚庆用品店，店里主要的产品是婚庆用的中式婚纱及小凤仙，公司主要用户为中低收入客户，产品价格相对优惠。为了能更好地介绍公司、公司产品及婚庆礼仪等，公司需要设计一份H5产品宣传册，请你虚拟公司的地址、电话等信息，自行下载相应档次的商品，设计一份符合公司情况及公司潜在客户需求的H5产品宣传册。

2.实操要求

①能够自己搜索、下载H5编辑器。

②能够在素材网上下载与婚庆相关的图片素材、文字素材，并能利用素材编辑整体美观的产品宣传册封面及内页。

③能够应用自创的模板生成多个页面。

④主题明确，内容完整，能呈现公司的详细情况。

⑤设计客户需求表单，能够收集到客户需求信息。

五、任务评价

评价对象	能下载和使用 H5 编辑器	素材与设计符合公司与客户情况	模板设计与应用	内容完成、整体美观
读者自评	□优秀	□优秀	□优秀	□优秀
	□良好	□良好	□良好	□良好
	□合格	□合格	□合格	□合格
小组评价	□优秀	□优秀	□优秀	□优秀
	□良好	□良好	□良好	□良好
	□合格	□合格	□合格	□合格
教师评价	□优秀	□优秀	□优秀	□优秀
	□良好	□良好	□良好	□良好
	□合格	□合格	□合格	□合格
企业评价	□优秀	□优秀	□优秀	□优秀
	□良好	□良好	□良好	□良好
	□合格	□合格	□合格	□合格

【案例拓展】

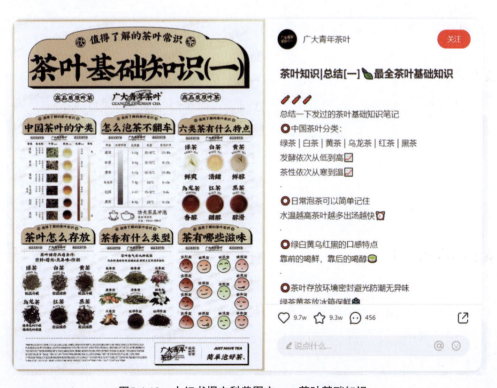

图5-4-13　小红书爆文科普图文——茶叶基础知识

图5-4-13是小红书账号"广大青年茶叶"的爆款图文,点赞量达到9.7万,收藏量超过9万。中国是世界上最早种植和饮用茶叶的国家之一,拥有丰富的茶叶资源和独特的制茶工艺。通过茶叶的推广和传播,中国茶文化成为中国的重要软实力之一。世界各地的人们通过品尝中国茶叶,了解中国文化、历史和传统,并对中国产生兴趣和好感。

设计亮点:

①在封面采用拼图方式,完整展现本篇笔记的整体内容,让读者一目了然。

②后续几张图片采用了相同的模板,整体比较统一,有设计感。

③右侧描述信息全文,采用小圆圈等小图标进行短句排版,引起读者关注,提高笔记吸引力。

小红书是一款以分享购物心得和生活方式为主题的社交平台,用户群体相对年轻且多元化。在设计小红书平台开展品牌推广的图文笔记时需运用美观的排版、高质量的图片和吸引人的配图等视觉元素。这有助于提升文章的可读性和吸引力,吸引更多读者的关注和留存。

●【小组讨论】

请以小组为单位,在小红书上分别搜索丝绸、瓷器、香料等爆款笔记,总结它们在封面、图片和描述信息中的设计亮点。

●【项目小结】

本项目通过农村电商公司湛江市腾飞网络科技公司的新媒体业务的开展,完整讲述了公众号、直播间、短视频和H5平台的视觉营销设计元素和设计要点,贯穿对不同新媒体营销平台的设计要求,引导读者热爱农产品电商,培养读者奉献于家乡的家国情怀。另外,通过4个应用实操评价和案例拓展分析,提高读者对新媒体营销设计举一反三的知识迁移能力。

●【课后练习】

一、单选题

1.下列哪个选项不是新媒体营销常见的形式(　　　　)。

A.微信营销　　　　　　　　　　　　B.微博营销

C.短信营销　　　　　　　　　　　　D.抖音营销

2.以下哪一个不是矢量图形（　　　）。

A.用【横排文字工具】输入的文字　　　　B.用【圆角矩形工具】编制的矩形

C.用【画笔工具】绘制的枫叶　　　　　　D.用【钢笔工具】绘制的爱心

3.下列哪一个是用前景色填充画布的快捷键（　　　）。

A.Ctrl+Del　　　　B.Alt+Del　　　　C. Shift+Del　　　　D. Ctrl+T

4.直播带货的核心优势是（　　　）。

A.可以清晰展示商品的外观和细节

B.可以提高购买转化率和销售额

C.可以吸引更多的消费者关注

D.可以提供更好的售后服务

5.短视频在互联网内容形式中的地位是（　　　）。

A.主流形式之一　　　　　　　　　B. 文字到图片再到视频的变化趋势

C.视频化大势所趋　　　　　　　　D. 以上都是

6.Alt+Ctrl+G组合键的作用是（　　　）。

A.新建调整图层　　　　　　　　　B.新建图层蒙版

C.创建剪贴蒙版　　　　　　　　　D.生成遮照图层

7.党的二十大报告中，高质量发展是全面建设社会主义现代化国家的（　　　）。

A.首要任务　　　　　　　　　　　B.基础任务

C.重要任务　　　　　　　　　　　D. 核心任务

8.下列哪个平台当前不处于直播带货的第一梯队?（　　　）

A.抖音　　　　　　　B.快手　　　　C.淘宝　　　　　　D.小红书

9.Alt+F+L组合键的作用相当于下列哪个菜单命令?（　　　）

A.【文件】-【置入嵌入对象】

B.【图层】-【智能对象】-【转换为智能对象】

C.【文件】-【置入链接的智能对象】

D.【选择】-【取消选择】

10.H5是什么意思?（　　　）

A.官方网站　　　　　　　　　　　B.互动形式的多媒体广告页面

C.是一款短视频制作软件的简称　　D.音频视频播放器

二、多选题

1.下列哪些平台属于新媒体营销的常用平台?（　　　）

A.微信公众平台　　　　　　　　　B. 新浪微博平台

C.抖音平台　　　　　　　　　　　D. B站平台

2.下列哪些因素促进了国内短视频行业的发展?（　　　）

A.5G通信时代的进步

B.终端设备的丰富普及

C.用户碎片化时间和多样场景下的娱乐需求

D.网络内容由文字到图片再到视频的变化趋势

3.图层组在Photoshop图像处理中的优势有（　　　）。

A.能够方便地管理图层

B.能够在图层面板中快速查看到图层应用了什么图层效果

C.能够方便地进行整体复制、移动等操作

D.能有效减少图像文件的存储空间

4.在直播带货中，可以通过哪些方式提高购买转化率和销售额?（　　　）

A.提供限时优惠活动　　　　　　　　B.降低商品价格

C.增加商品库存　　　　　　　　　　D.提高商品质量

5.在H5页面设计中，以下哪些技巧可以帮助增加页面的吸引力?（　　　）

A.使用吸引人的颜色、图片、图标等视觉元素

B.使用合适的动画效果，但不要过度使用

C.突出显示核心产品或服务，并使用明确的CTA按钮引导用户采取行动

D.设计清晰的导航和操作，方便用户浏览和操作

习题答案

项目六

视觉营销设计跨境篇

【职场场景训练】

党的二十大报告提出，推进高水平对外开放。推动货物贸易优化升级，创新服务贸易发展机制，发展数字贸易，加快建设贸易强国。国务院已连续出台《关于印发"十四五"数字经济发展规划的通知》《"十四五"现代物流发展规划》等十余项跨境电商相关政策。截止到2023年全国设立了165个跨境电商综合试验区，形成了陆海内外联动、东西双向互济的发展格局。

今年刚毕业的大学生陈宇光应聘到了智艺电子商务公司。这家公司虽然成立的时间不长，但是发展迅速，业内对其在跨境电商平台运营托管、SNS平台营销和短视频运营服务的口碑俱佳。恰逢国家正在大力发展跨境电商行业，陈宇光觉得自己有幸迎来了行业高速发展期，希望能够在新的工作岗位上大展拳脚，实现自己的职业理想。

智艺电子商务公司成立于2019年，目前员工30多人，采用矩阵制组织结构，除了人事、财务、技术和采购部门，还设有阿里巴巴国际站、速卖通、亚马逊、独立站等项目部，项目部下设有运营部、市场部、客服部等。作为刚入职的大学生，陈宇光将在一个月内到公司各个项目部轮流学习，以便熟悉公司业务。

【项目学习目标】

1. 知识目标

（1）理解跨境电商视觉营销内涵；

（2）掌握海外视觉营销设计要点；

（3）掌握海外跨境电商平台在视觉营销的差异；

（4）理解跨境电商平台的视觉营销方式。

2. 技能目标

（1）能够开展跨境电商视觉营销设计偏好调查；

（2）能根据具体需求开展阿里巴巴国际站店铺装修优化；

（3）能根据具体商品开展亚马逊A+ Listing页面优化；

（4）能根据具体主题制作TikTok视觉营销方案。

3. 素质目标

（1）理解跨境电商国别文化差异，拓展国际视野；

（2）理解跨境电商平台规则，提高法规意识；

（3）明确跨境电商视觉营销岗位的技能要求，增强职场信心。

【技能提升图谱】

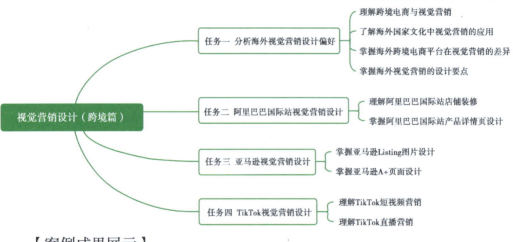

【案例成果展示】

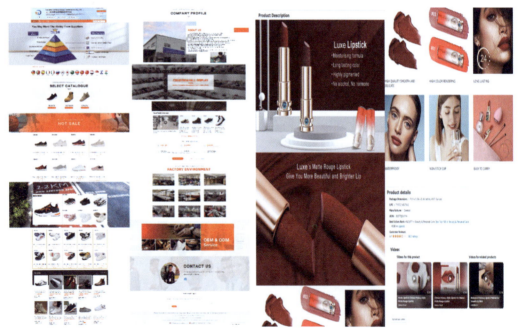

阿里巴巴国际站运动鞋店铺装修优化　　　　　　亚马逊美妆A+页面效果图

任务一　分析海外视觉营销设计偏好

一、情境导入

今天是陈宇光来到人事部报到的第一天，岗前培训中部门罗经理主要介绍了公司的发展历程和企业文化，也说明了公司各个项目部的发展概况，鼓励陈宇光在轮岗期间多听多问多学习。陈宇光提出一个问题：不管是阿里巴巴国际站、亚马逊还是独立站项目部，他们所面向的海外客户都是来自不同国家或地区，客户因文化历史和宗教信仰的不同会出现不同的消费偏好和禁忌，这在部门业务开展过程中存在哪些影响呢？

罗经理表扬陈宇光思考问题很到位，跨境电商与国内电商最大的不同便是客户群体的国别差异，这对很多岗位的工作提出了更高要求：在掌握视觉营销基本知识和技能的基础上，还要遵循当地的规定，了解目标客户的消费习惯和视觉营销偏好。

因此，罗经理要求陈宇光完成一个新手任务：

①目前全球电子商务市场有哪些？有什么特点？

②主流跨境电商平台有哪些？

③跨境视觉营销设计有哪些要点？

二、知识解析

（一）跨境电商概况

跨境电子商务（Cross Border E-Commerce）是指分属不同关境交易主体，通过电子商务平台达成交易、进行支付结算，并通过跨境物流送达商品、完成交易的一种国际商业活动①。跨境电商交易方式是对传统外贸的一种拓展，具有全球性、无形性、匿名性、即时性、无纸化等特征。跨境电商按照不同的划分标准，可以分为以下类别：①根据货物流向，可以分为出口跨境电商和进口跨境电商；②按照交易主体属性，可以分为企业对企业（B2B）、企业对消费者（B2C）和个人对个人（C2C）三类；③根据运营模式划分，跨境电商可以分为第三方运营平台和独立站等。

分类标准	主要类别	概念/特点
货物流向	出口跨境电商	本国商品通过电子商务渠道销售到国外市场
	进口跨境电商	国外商品通过电子商务渠道销售到本国市场
交易主体属性	B2B 跨境电商	大批量、小批次、订单集中
	B2C 跨境电商	小批量、多批次、订单分散
	C2C 跨境电商	辅助性、节约性、繁杂性

①何江,钱慧敏.我国跨境电商发展研究:回顾与展望 [J].科技管理研究,2017（17）:213-220.

续表

分类标准	主要类别	概念/特点
运营模式	跨境电商第三方平台	门槛低、流量大、限制多、同质化竞争激烈
	跨境电商独立站	有利于数据沉淀和品牌建设，自主权高、流量成本高

资料来源：《36氪研究院：2022年中国跨境电商行业研究报告》

回顾中国跨境电商行业的发展历程，大致可以分为四个阶段：

第一阶段是2004年前起步期，这一阶段的跨境电商主要以线上展示商品、线下进行交易为主，第三方平台为企业提供产品网上详细展示的平台，是跨境电商的1.0时代。

第二阶段是成长期，即跨境电商的2.0时代，从2004年敦煌网成立持续到2013年。这一时期的跨境电商已经逐步实现了线下交易、支付、物流等全流程的电子化，主要以B2B平台模式为主。

第三阶段是发展期，从2013年跨境电商增速达到50%开始，我国跨境电商发展正式进入3.0时代，实现了全产业链在线化，平台承载力显著增强，B2C平台占比逐步提升，一直持续至2018年。

第四阶段是成熟期，从2018年至今，大型跨境电商开始展开精细化运营，全面整合供应链，将供应链的各环节进行融合，不断出现新零售、直播营销等创新模式，跨境电商正式进入4.0时代[1]。

2020年以来，在传统外贸下滑的大背景下，经历了全球贸易政策不确定增加、亚马逊平台"封号潮"、物流运费暴涨、原材料价格持续走高、供应链断链危机等事件，我国跨境电商交易依然保持稳定增长态势。

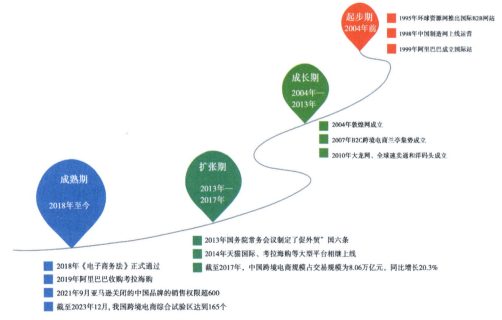

图6-1-1　中国跨境电商发展历程

①张艳.新发展格局下跨境电商驱动经济高质量发展的动力机制与路径优化[J].商业经济研究，2021.（22）：84-88

（二）全球电子商务市场特点

全球电子商务的发展起源于1994年创立的亚马逊和1995年的Ebay，它们在网络上率先开始经营电子商务网上购物，是目前全球访问量突破10亿的两家互联网企业。随着数字经济的发展和基础设施的完善，全球互联网用户人数逐年增长，电商潜在消费者数量也在提升。纵观全球电子商务市场，经济体量大小是电子商务市场规模的决定性因素，物流基础设施建设、线下供给丰富程度是造成电商渗透率高低的主要原因[①]。具体来说：

1. 北美市场

美国和加拿大是北美地区最主要的经济体，是传统发达国家，人均 GDP 超 5 万美元。其中美国在人口&GDP的贡献达到90%，电商规模位居全球首位。从总体看，北美市场用户的购买力强，用户搜索心智强，上游物流商格局稳定且价格高，线下零售和品牌商品供给丰富，不过对比国内电商，美国和加拿大的电商渗透率在全球范围内排名第五，仍有提升空间。

2. 亚洲市场

亚洲市场中日本、韩国、以色列、新加坡等国家是发达国家，中国是目前最大的发展中国家，也是世界第二大经济体。亚洲地区互联网普及率和电子商务规模不断扩大，在电子商务创新发展上全面走向成熟，由中国领头的直播购物方式，帮助塑造世界各地的新兴消费行为。

中国作为电子商务领军者，在全球电子商务规模的绝对值上居于首位。中国的互联网发展起步较晚，仍然有很大的市场增长空间。中国约30%的人口居住在农村地区，城镇居民才是网购主力军，更多的人使用移动互联网。中国被视为技术创新的倡导者，支付宝和微信在全球范围得到推广应用，"618"和"双11"等购物狂欢节成为全球瞩目的零售活动。

东亚市场的日本与韩国电商市场起步较早，且经济较为发达，分别占据全球市场第四和第五的位置。两个国家相比还是存在较大差异：日本的线下消费依然活跃，格局单一，韩国物流提供商较为分散，且韩国用户线上支付习惯更好；从用户端看，两国消费者习惯不同，韩国电商用户的 ARPPU 值更高。

东南亚市场主要包括 11 个国家，总人口超 6 亿，考虑到人口基数及经济发展水平，多数互联网公司主要在印度尼西亚、越南、泰国、马来西亚、菲律宾、新加坡6个国家开展业务，呈现出整体人口基数大、区域经济发展不平衡、互联网渗透率高但

[①]海通国际证券.全球电商101：各市场特点及主要选手简介[EB/OL].发现报告网，2022.

网速差等特点。该市场用户消费习惯与中国类似，手机心智强，用户能接受白牌商品，对电商接受程度高，疫情后电商渗透率快速拉升，印尼市场渗透率已与中国市场相近。

3.拉美市场

拉丁美洲人口基数大，经济相对发达。拉美人口总计 6.48 亿，与东南亚市场体量相当，其中巴西人口2.1亿，是世界第五人口大国。拉美人口最多的前6个国家分别为巴西、墨西哥、哥伦比亚、阿根廷、秘鲁和委内瑞拉，占拉美总人口的 77%；巴西、墨西哥、阿根廷是拉美最大的三个市场，具有较高的互联网渗透率和年轻化的人口结构。早年电商发展慢，渗透率不高，疫情驱动下，电商市场快速增长。物流是阻碍拉美电商市场发展的核心痛点，物流配送的时效性较差。由于电商发展尚不成熟，鞋、运动服饰、家电、家居等标准化程度高的商品渗透率高，而普通服饰、配饰、美妆等非标品渗透仍不足。

4.欧洲市场

欧洲绝大多数国家属于发达国家，其中北欧、西欧和中欧的一些国家经济发展水平最高，南欧一些国家经济水平相对较低，整体经济发展水平居各大洲之首。欧洲互联网普及率高达95%，但是本土轻工业供应链不充足，只有西班牙、波兰和土耳其存在一定数量的轻工业工厂。欧洲国家中，英国是欧洲最大的电商市场，也是欧洲最大的时尚市场，俄罗斯电商市场在欧洲排行第四。

欧洲市场的电商用户有自己独特的习惯，语言、消费行为、政治情况及营商环境等均存在差异。他们"既不排斥低价商品，又对品质有一定要求"。这也导致了欧洲用户经常被认为"挑剔、难以满足"。比如说，法国人天性浪漫、重视休闲，时间观念不强，但是对商品的质量要求十分严格，条件比较苛刻。英国人喜欢按部就班，特别看重试订单且订单循序渐进。品类上，欧洲用户与中国用户对家具类、园艺类及家用电器等大品类商品的购买行为存在较大差异。中国消费者将这些产品视为耐用品，预期会持续使用到商品不能再使用为止；欧美国家消费者将这些产品视为消费品，特点包括：①复购率相对更高；②季节性差异大；③潮流迭代较快；④存在各年龄层次及各性别消费者，大部分消费者为中产阶级，对生活有一定要求（产品平均单价为50~100美元）。

（三）跨境电商主流平台分析

跨境电商产业生态非常丰富，主要分为上游供应商、中游跨境电商平台和下游终端消费方。随着行业分工逐渐细化，第三方支付和物流等支持服务商也逐渐完善。其中跨境电商平台占核心位置，引领全产业发展。跨境电商平台按贸易方向分为进口、出口两类，按交易类型分为B2B和B2C模式。

图6-1-2　国内跨境电商产业生态图谱

（资料来源：《36氪研究院：2022年中国跨境电商行业研究报告》）

1.跨境出口电商B2B平台

我国B2B跨境出口电商是面向境外买家的在线批发活动，正处于快速发展期，市场准入门槛相对较低，行业整体呈现出企业数量多、竞争格局分散的特点。其中阿里巴巴国际站、中国敦煌网、中国制造网是主要电商平台。

阿里巴巴国际站成立于1999年，作为阿里巴巴集团的核心业务，是支持全球中小企业开展业务的国际B2B平台，为商家提供的流量服务包括数字化营销及数据运营，跨境供应链服务涵盖关务、跨境物流、支付结算、供应链金融等环节。目前超过200余个国家/地区的2600万活跃企业买家，1.5亿+注册会员，近三年支付买家的复合增长率超过100%。

敦煌网成立于2004年，定位为全球中小零售一站式跨境B2B平台，整合传统外贸企业在关检、物流、支付、金融等领域的生态圈合作伙伴，打造了集相关服务于一体的全平台、线上化外贸闭环模式，极大降低了中小企业对接国际市场的门槛。目前敦煌网拥有230万以上累计注册供应商和3640万以上注册买家，覆盖全球223个国家及地区，具有71个币种支付能力。

中国制造网成立于1998年，是一个中国产品信息荟萃的网上世界，面向全球，以推广中国企业为己任，搭建更为宽广的网上贸易平台，由中国的焦点科技公司开发并运营。中国制造网上所有的产品都是在中国大陆和中国台湾制造的。

2.跨境出口电商B2C平台

我国B2C跨境出口电商是面向国外个人消费者的零售活动，依托中国制造和供应链高度发达的优势，跨境出口电商持续增长逻辑清晰，整合产业链，打造优势集群，是新的发展趋势。近年来B2C跨境电商出海步伐加快，多数B2C卖家加速布局独立站，一方面减少对三方平台的依赖，另一方面加速私域流量沉淀，提升品牌力。

Amazon Business（简称亚马逊）成立于1994年，是面向企业和机构买家的一站式商业采购站点，为企业长尾采购提供一站式解决方案。凭借优质的服务和高性价比产品等增强其对客户、商家的吸引力，覆盖世界主流电商国家，形成了自身增长飞轮，同时通过搭建会员体系、完善物流运输体系、优化云计算服务等方式不断为电商业务注入新动能，成为中国B2C出口最热门的第三方平台。

阿里速卖通成立于2010年，海外成交买家数量突破1.5亿，覆盖全球200多个国家和地区，主要交易市场为俄、美、西、巴、法等国，覆盖3C、服装、家居、饰品等共30个一级行业类目；其中优势行业主要有：服装服饰、手机通信、鞋包、美容健康、珠宝手表、消费电子、电脑网络、家居、汽车摩托车配件、灯具等，是中国最大的跨境零售电商平台，目前已经开通了18个语种的站点。

Wish成立于2011年，是移动电商购物App主流平台，面向欧美市场中低收入客户群体，提供高性价比产品，并利用社交平台进行精准营销；Shopee成立于2015年，辐射新加坡、马来西亚、菲律宾、泰国、越南、巴西等十余个市场，以构建平台社交功能提升用户黏性，是东南亚发展最快的电商平台，是国货出海东南亚首选平台。除了头部平台市场，中小型跨境电商占据主流位置：其中SHEIN主要立足快时尚领域，Anker（安克创新）主要立足消费电子领域，ST跨境、赛维时代、三态股份、子不语主要立足服饰鞋履领域，致欧科技主要立足家居家具领域。

3.跨境进口电商

随着消费升级步伐不断加快，我国消费者对优质进口商品的需求与日俱增，更多消费群体希望足不出户买遍全球，跨境电商零售进口发展的空间更加广阔。海关数据显示，天猫国际、京东国际和考拉海购是主要的跨境进口电商平台，占市场八成左右[①]。

天猫国际成立于2014年，是阿里巴巴旗下的进口电商平台，致力于为中国消费者提供全球的进口好物、直达海外生活方式，成为我国最大的进口跨境电商平台，每年的天猫618和双11已经成为主流国际品牌的销售旺季。

考拉海购成立于2015年，2019年被阿里巴巴集团收购，全面聚焦以跨境进口业务为主的会员电商，主打官方自营、全球直采的零售模式。作为"杭州跨境电商综试区首批试点企业"，考拉海购获得由中国质量认证中心认证的"B2C商品类电子商务交易服务认证证书"，认证级别四颗星，是国内首家获此认证的跨境电商，也是国内首家获

---

①易观分析.中国跨境进口零售电商市场季度监测报告-2022年第3季度。

得最高级别认证的跨境电商平台之一。

京东国际前身为京东的"海囤全球"与"京东全球购"，于2019年升级为京东国际，是京东集团旗下进口商品一站式消费平台。作为国内首个全面专注于进口业务的消费平台，京东国际通过在消费场景、营销生态、品质与服务、招商四个维度的全面升级，通过线上线下全渠道一体化共建，为消费者带来更加优质和丰富的进口商品购物体验。

（四）跨境电商与视觉营销

跨境电商行业的飞速发展，用户的个性化需求越来越突出，电商平台前端页面的视觉效果和用户体验直接影响网络消费者的决策，通过视觉营销争夺稀缺流量，增加产品感染力，激发购买冲动，建立品牌识别力，是视觉营销无可替代的价值。

视觉营销（Visual Merchandising，VMD）是一种可视化的视觉体验，主要利用色彩、图像、文字等造成的冲击力吸引客户的关注，达到产品营销或品牌推广的目的。视觉营销最初起源于20世纪70年代的美国，通过大众直观的视觉广告进行产品的营销，从而发展到"视觉营销"，主要包括空间立体视觉、平面视觉、传媒广告、商品陈列、造型视觉等。在跨境电商行业中，视觉营销主要呈现形式为商品图片、海报、网页、短视频等，表现内容有主题风格、模特、字体、色彩和构图。对于跨境电商而言，不同国家和地区存在不同的历史文化，不同的宗教信仰导致不同的视觉偏好，视觉营销的目的是吸引目标客户的注意、激发客户的购买兴趣、传播有辨识度的视觉形象或品牌形象。如何达到这个目的，成为跨境电商营销制胜的关键。

为此，陈宇光需要开展海外视觉营销设计偏好分析的相关调研，以此总结跨境电商视觉营销设计的要点。

三、任务实施

为了便于向罗经理汇报自己的调研结果，陈宇光设计了一个"海外市场视觉营销设计对比"的表格，内容如下：

海外目标市场	主要代表国家情况	贸易商品结构	重要节假日	消费偏好与禁忌	视觉营销要点

步骤1：调研海外市场基本情况。

打开商务部走出去公共服务平台网址 http://fec.mofcom.gov.cn/article/gbdqzn/，找到美洲大洋洲栏目，鼠标悬停在美国，右侧出现悬浮小窗口后鼠标移到【美国指南.pdf】处，如图6-1-3所示，点击后打开《对外投资合作国别（地区）指南 美国（2022年版）》文件。

美洲大洋洲			国别地区指南下载量统计
阿根廷 NEW	安提瓜和巴布达	澳大利亚 NEW	巴巴多斯
巴布亚新几内亚 NEW	巴哈马	巴拉圭	巴拿马 NEW
巴西 NEW	秘鲁 NEW	玻利维亚 NEW	多米尼加
多米尼克	厄瓜多尔	斐济	格林纳达
哥伦比亚	哥斯达黎加 NEW	古巴	圭亚那
洪都拉斯	加拿大 NEW	美国	·美国指南pdf ·驻外经商机构
墨西哥 NEW	萨摩亚	苏里南	汤加
特立尼达和多巴哥	瓦努阿图	委内瑞拉 NEW	乌拉圭
新西兰 NEW	牙买加	智利 NEW	萨尔瓦多
所罗门群岛	危地马拉	基里巴斯	尼加拉瓜 NEW

图6-1-3　商务部走出去公共服务平台国别（地区）指南下载

浏览文件，重点查阅文件中1.国家概况、3.2对外贸易、5.1贸易法规和政策、6.4数字经济相关政策与法规等内容，提炼以下内容并填写到相应位置：北美市场-主要代表国家情况、贸易商品结构。

海外目标市场	主要代表国家情况	贸易商品结构	重要节假日	消费偏好与禁忌	视觉营销要点
北美市场	美国：北美洲中部，人口为3.33亿，分为50个州和1个特区，主要是英国移民后裔。五成居民信奉基督教新教，两成居民信奉天主教。美国人休闲时衣着随意，但上班、宴会和商务活动很正式。以美式西餐为主食。	美国主要出口商品为：工业原材料、除汽车外的机械设备和汽车产品。主要进口商品为：除汽车外的机械设备、消费品、工业原材料。			

步骤2：了解重要节假日信息。

打开世界时区网站查询各国节假日，在搜索栏里选择United States国家，点击Show按钮，如图6-1-4所示。

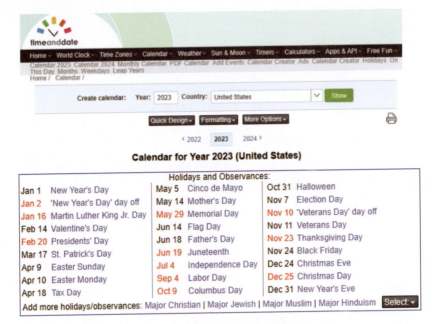

图6-1-4 世界时区重要节假日截图

可得到该国年度节假日日历，提炼以下内容填写到相应位置：北美市场-重要节假日。

海外目标市场	主要代表国家情况	贸易商品结构	重要节假日（2023年）	消费偏好与禁忌	视觉营销要点
北美市场			1月1日元旦		
			2月14日情人节		
			4月9日复活节		
			5月14日母亲节		
			6月18日父亲节		
			7月4日独立日		
			10月31日万圣节		
			11月23日感恩节		
			12月24日平安夜		

步骤3：调研海外市场习俗。

打开雨果跨境网站，在输入框中搜索风俗，整理搜索结果，提炼以下内容填写到相应位置：北美市场-消费风俗与禁忌、视觉营销要点。

海外目标市场	主要代表国家情况	贸易商品结构	重要节假日（2023年）	消费风俗与禁忌	视觉营销要点
北美市场				美国人最关心的是商品的质量，其次是包装，最后是价格。忌讳数字"13""3""星期五"等，对镰刀、蝙蝠和锤头比较敏感，忌讳黑色，认为是丧葬用的色彩。他们特别忌讳赠礼带有公司标志的便宜礼物，因为这有义务做广告的嫌疑。多数美国人不爱用先生、夫人、小姐、女士之类的称呼，他们喜欢别人直接叫自己的名字，并视为这是亲切友好的表示。	偏好猫头鹰和白猫，白色是纯洁的象征。偏爱黄色，象征和谐。喜欢蓝色和色，象征吉祥如意。一般浅洁的颜色受人喜欢，如牙黄色、浅绿色、浅蓝色、黄色、粉红色、浅黄褐色。

重复步骤1-3，广泛调研政府官网、行业信息和完成表格内其他海外目标市场的视觉营销差异调研。

海外目标市场	主要代表国家情况	贸易商品结构	重要节假日	消费偏好与禁忌	视觉营销要点
北美市场	美国、加拿大				
西欧市场	英国、法国				
东南亚市场	印尼				
拉丁美洲市场	巴西、墨西哥				
东欧市场	俄罗斯				

四、应用实操

1.举一反三

跨境电商视觉营销设计不仅要符合不同国家目标客户群体的消费偏好和视觉偏好，避开习俗禁忌，还需要符合主流跨境电商平台对商品视觉设计的基本要求。因此，罗经理在表扬陈宇光调研成果的同时，对他提出了新的要求：收集不同的跨境电商平台对商品销售的要求和产品图片的要求，提炼各平台对商品图片数量、图片要求和产品比例的具体要求。具体如下表：

跨境电商平台	官方规则地址	主图要求（推荐像素、背景、Logo、边框等）	详情图要求	商品视频要求
阿里巴巴国际站				
中国敦煌网				
亚马逊				
速卖通				
Wish				
Shopee				

2.实操要求

①调研信息要以各电子商务平台官方网址为准，找准规则中心。

②查看平台规则，搜索关于商品主图、详情图以及商品视频等发布的具体要求。

③查看各平台的帮助中心与知识产权保护政策，了解商品发布的具体规则和知识产品保护政策，避免日常运营中出现违规行为。

五、任务评价

	任务理解能力正确	资料来源客观全面	分析归纳总结到位	整体完成度高
读者自评	□优秀 □良好 □合格	□优秀 □良好 □合格	□优秀 □良好 □合格	□优秀 □良好 □合格
小组评价	□优秀 □良好 □合格	□优秀 □良好 □合格	□优秀 □良好 □合格	□优秀 □良好 □合格
教师评价	□优秀 □良好 □合格	□优秀 □良好 □合格	□优秀 □良好 □合格	□优秀 □良好 □合格
企业评价	□优秀 □良好 □合格	□优秀 □良好 □合格	□优秀 □良好 □合格	□优秀 □良好 □合格

任务二　阿里巴巴国际站视觉营销设计

一、情境导入

今天陈宇光来到阿里巴巴国际站项目部，项目部王经理介绍道：阿里巴巴国际站是面向B端市场的跨境电商平台，目前TOP3品类是数码3C、家居家具和服装鞋帽。项目部交给陈宇光的是对一家OEM运动鞋供应商的国际站店铺首页进行分析与优化，根据服装类的国际站店铺装修设计要点，让原先的店铺首页更符合买家验厂逻辑。

二、知识解析

（一）阿里巴巴国际站概述

阿里巴巴国际站成立于1999年，是阿里巴巴集团的第一个业务板块，阿里巴巴国际站提供一站式店铺装修、产品展示、营销推广、生意洽谈及店铺管理等全系列线上服务和工具，帮助企业降低成本、高效率地开拓外贸大市场，截至目前累计服务200余个国家和地区的超过2 600万活跃企业买家，是出口企业拓展国际贸易的首选网络平台之一，成为推动外贸数字化的主力平台。除此之外，阿里巴巴国际站还提供了多项服务，如阿里信用通和贸易保障等，为买家和供应商提供更安全、更便捷的贸易环境。阿里巴巴集团还为全球客户提供了其他多样化的服务，例如跨境电商、数字化营销等，以满足用户的多元化需求。

（二）国际站商品图设计要点

1.高质量素材

在设计阿里巴巴国际站的图片和视频素材时，首先需要确保它们的质量高。这不仅意味着它们必须清晰、亮度适中，还应该使用高质量相机或拍摄设备拍摄。此外，如果需要进行后期制作，则需要使用专业的工具和技能。比如珠宝类商品需要使用专业的相机和灯光设备来捕捉珠宝的纹理和反光度，并确保照片逼真地展示了珠宝的色彩和光泽，如图6-2-1、图6-2-2所示。

图6-2-1　金属和钻石纹理清晰的珠宝饰品

图6-2-2　金属和玉石均无光泽的翡翠饰品

2.按主题分类

阿里巴巴国际站上的产品和服务非常广泛，按主题分类设计图片和视频可以为消费者和企业提供清晰明了、方便快捷的服务，同时还能增强品牌形象、提升网站用户体验，为交易双方提供帮助。一般情况下，商品的主题分类包括按行业分类、按产品类型分类、按新品、热销或特价分类等，如图6-2-3、图6-2-4所示。

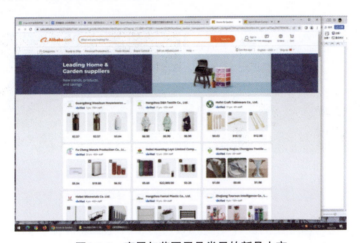

图6-2-3　家居与花园用品类目的新品上市

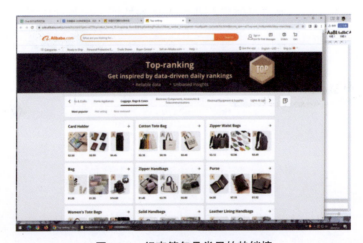

图6-2-4　行李箱包品类目的热销榜

3.突出产品特性

设计阿里巴巴国际站的图片和视频时需要突出产品的特性。比如，展示食品时采用优质原材料产地和制作过程，来提高买家对产品的信任度和认可度，如图6-2-5所示。展示OEM运动男鞋产品时突出产品可定制的样式、材料、颜色、Logo等，以便买家更好地了解产品的定制范围，如图6-2-6所示。

图6-2-5　葡萄果风味果冻详情页中展示的葡萄产地和制作过程

图6-2-6　男士运动鞋主图中突出可定制范围

4.功能清晰明了

设计阿里巴巴国际站的图片和视频时需要确保它们很容易被理解。这意味着图片和视频应该使用简单的排版和语言描述，以确保潜在买家能够快速了解产品或服务信息，从而提高了买家的购买决策效率。一般图文排版只会放置少量的文字标注，并采用统一的格式进行排版，从而让买家更加轻松地了解产品的基本信息。同时突出强调产品的关键信息，比如使用场合、颜色、尺寸等，这些信息能够直接影响顾客的购买行为，如图6-2-7所示。

图6-2-7　彩妆蛋详情页的使用场合、颜色、尺寸等关键信息

（三）国际站店铺装修设计要点

1.布局设计

店铺整体布局的合理性是店铺装修设计的关键，国际站店铺装修要综合考虑B端买家的浏览体验，充分展示商品优势和供应商实力，帮助买家快速找到心仪商品并促使买家购物决策。表6-2-1是常用的店铺装修模块及对应的设计要点。

表 6-2-1　阿里巴巴国际站店铺装修模块

店铺装修模块	对应英文	装修意图与设计要点
店招（含导航）	Logo、Menu	店招展示了供应商的名称、Logo、商品所在类目和平台资质标签，同时提供联系供应商、收藏、菜单和搜索等多个功能按钮方便买家快速直达。
首焦海报轮播	Banner	首焦轮播图对于店铺购买转化非常重要，通过提供占满首屏页面的信息对买家造成视觉冲击，主要包括品牌实力、特色服务、促销主题、主推商品等。

续表

店铺装修模块	对应英文	装修意图与设计要点
新品上市	New Arrival	新品通常具有创新性和高附加值，新品上市可以吸引顾客的注意力，提高产品的曝光率，提高供应商的竞争力和品牌知名度，也可以满足顾客对产品多样化和更新换代的需求，保持产品销售的活力和持续性。
热销商品	Top-ranking products/Super Hot Items	利用买家的从众心理，推送供应商最受欢迎的产品，能够吸引更多消费者的关注和购买，进一步提高供应商的销售额和市场份额。同时热销品的销量和好评可以建立起供应商的品牌形象和信誉度，为供应商赢得更多长期客户。
多语种站点	Multi-Language Sites	一般以导航的形式展示供应商提供的多语种站点，能够满足不同国家和地区买家的语言需求，提高产品宣传和销售的效果，增加产品曝光率和销售额。针对不同语言版本的用户采取不同的营销策略，如本地化的搜索引擎优化、社交媒体营销等，为供应商在当地市场树立品牌形象，吸引并保持当地客户的忠诚度。
公司资历	Certificates	通过展示供应商的国际认证标准（如ISO9001质量管理体系认证，ISO14001环境管理体系认证）、进出口资质（包括产地证明、海关进口报关单、出口报关单、运输合同、贸易发票等）、产品认证（如CE认证、FCC认证、RoHS认证等相关法规或行业标准认证）、知识产权认证（如专利、商标、著作权等）和安全认证（如PCI DSS、SSL认证等）等资质，增强买家对产品品质的信心。

续表

店铺装修模块	对应英文	装修意图与设计要点
推荐商品	Top picks	基于销量、好评、商品评分、库存等因素遴选出供应商推荐的最具代表性或最受欢迎商品作为店铺商品引流入口，提高相关商品曝光率，节约用户搜索时间。
联系供应商	Send Message to Supplier	通过表单收集买家反馈信息、邮箱等联系方式，加快买家与供应商之间的交流沟通、洽谈合作。
服务信息	Service	一般提供以下服务信息协助买家完善购物体验，提高顾客留存率和转化率： 1.交易方式：说明支付方式、配送方式、退换货流程等详细信息，让客户清楚知道如何进行交易。 2.售后服务：明确订单处理时间、退换货政策、售后服务电话等内容，为客户提供满意的售后服务。 3.知识产权保护：保证所销售的商品不会侵犯他人的知识产权，同时也强调自己的知识产权。 4.隐私保护：说明个人信息的收集使用方式和隐私保护措施，让客户放心购物，提高网站的信用度。 5.客服支持：提供在线客服、电话支持等，解决客户在购物过程中遇到的问题。 6.商品质量：提供商品质量保证，如按质退换，售后无忧等。同时对商品的材料、规格、功能等进行详细描述，增强客户对商品的了解。
热销排行	Hot Sales	可以分类设置本月畅销、本周畅销、即将出货（ready for ship）等方式展示供应商不同维度的畅销商品，促进买家对热门商品的关注和购买。供应商也可以通过分析热销商品更好地了解消费者的需求和偏好，从而有针对性地改善产品设计和生产。

续表

店铺装修模块	对应英文	装修意图与设计要点
猜你喜欢	Recommend For You	平台提供的个性化模块，建议加入。根据买家的历史购买记录、浏览行为等信息，给买家推荐与他们兴趣相关的商品，提供更加贴心和有针对性的服务。在没有明确购买需求的情况下发现自己感兴趣的产品，并促进用户购买，从而增加商家销售额和用户留存率，并且为用户提供更多选择和更好的购物体验。

2.色彩搭配

色彩搭配是店铺设计的重要组成部分。根据企业的品牌形象和所销售的产品类型，选择不同的颜色来进行搭配，以达到更好的视觉效果。同时，也需要考虑网站背景、字体及链接等颜色的协调性。如图6-2-8所示冷冻海鲜产品选用蓝色为主色系，能够直接唤起买家对海洋、湖泊的相关联想和情感体验，同时也给人自然、健康的气氛。如图6-2-9所示冬靴商品选用明黄为主色系，给人一种积极、活力和充满能量的感觉，让冬天的产品留下温暖的心理效果，让人眼前一亮、印象深刻。

图6-2-8　选用蓝色作为冷冻海鲜产品的主色系

图6-2-9　选用明黄色作为冬鞋产品的主色系

3.素材选用

图片和短视频是店铺装修设计中最直观的元素之一。对于每个产品，一定要提供高质量的图片和短视频，并使用多角度、大图、细节、好评等方式清晰展示每个产品。同时可以借用VR展馆、数字人展示产品。

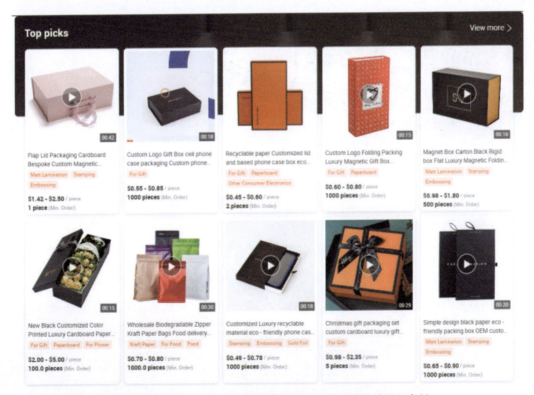

图6-2-10　选用多角度或细节主图视频作为热销商品的展示素材

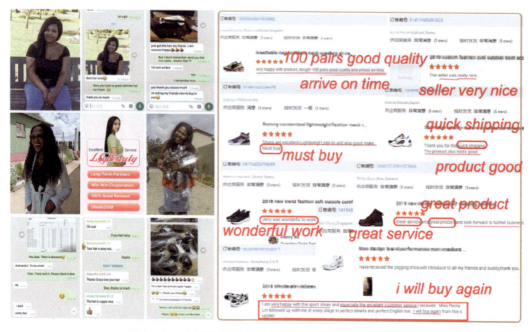

图6-2-11 选用客户好评和社交聊天截图作为商品反馈

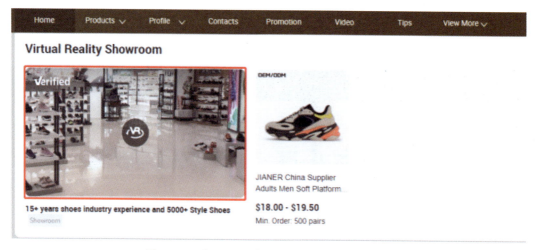

图6-2-12 选用VR展馆作为线下商店的真实展示

4.页面导航与悬浮工具

为了使页面看起来更加整洁，店铺首页经常采用水平或竖直导航条，从而使买家更便捷地找到自己想要的产品。悬浮工具可用于提高网站的互动性和用户体验。例如，在首页右侧添加一个悬浮客服按钮，可以方便用户与卖家联系沟通，如图6-2-13所示。

图6-2-13　使用页面导航和悬浮工具

5.响应式设计

　　将店铺设计为响应式网站，可以在手机、iPad和电脑设备上自动调整页面布局和大小，为用户提供更加舒适的浏览体验，如图6-2-14所示。

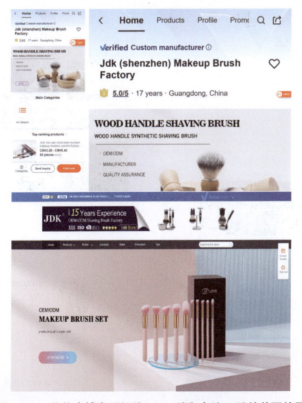

图6-2-14　美妆店铺在手机端、iPad端和电脑PC端的首页效果

三、任务实施

陈宇光查看了供应商万福鞋业在国际站店铺首页（图6-2-15），结合表6-2-1店铺装修模块设计要点，陈宇光分析该首页存在以下问题：店招功能按钮不够详尽、海报轮播未突出供应商实力、多语种站点导航和商品类目可视化不强、商品陈列不够整齐、商品分类之间存在空白不够紧凑、公司资历信息缺乏富媒体信息、服务信息过于简单等。针对以上问题，陈宇光准备逐一进行优化。

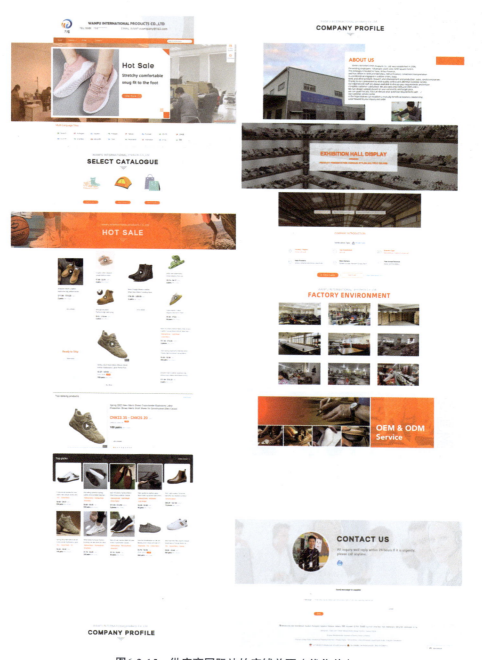

图6-2-15　供应商国际站的店铺首页（优化前）

步骤1：店招优化。主账号或制作员账户登录：【MA系统】-【全球旺铺】-【装修】进入编辑器页面，点击店招板块进入编辑页面，选择【新店招】按钮，如图6-2-16所示，即可升级为旺铺2.0新店招，围绕"让买家在十秒内对店铺产生初步印象"的设计思路对老店招进行结构化升级：①对公司Logo、主营产品、公司类型，以及商家服务标签的强化展示。②添加了引导客户直接发起询盘和直接在线聊天的行动入口，买家客户通过店招一步到位与商家进行直接沟通。③增加了关注店铺的Follow按钮，买家喜欢可以关注店铺成为店铺的粉丝。设置后效果如图6-2-17所示。

图6-2-16　阿里巴巴国际站旺铺装修编辑选择新店招

图6-2-17　供应商国际站店铺的新店招效果图

经验之谈

　　如果店铺没有升级到旺铺2.0，也可以采用自定义店招模块，结合网页设计代码为老店招强化供应商标签、添加询盘按钮和关注店铺按钮。

步骤2：海报优化。按Crtl+O组合键执行打开"海报背景.png"素材，按Alt+F+L组合键执行置入嵌入对象命令，在合适的位置置入"金字塔.png""factory.png""team.

png""exprience.png""certificate.png""fashion.png"素材，在合适的位置添加相应的文字、线条和形状，如图6-2-18所示。

图6-2-18 供应商国际站店铺的海报效果

经验之谈

阿里巴巴国际站面向B端买家，在首页海报轮播时优先突出供应商的实力和特色服务，才能明确吸引买家的注意力。而C端买家更关注产品和促销。

步骤3：语种站点导航优化。按Ctrl+N组合键执行新建文件命令，新建【宽度】为1 920像素，【高度】为210像素的画布，并将画布填充为白色（#ffffff）。按Crtl+O组合键打开"flags.png"素材，选择工具箱中的【选框工具】，在选项栏中将【样式】改为固定大小，再把【宽度】和【高度】改为143像素，在画布中选择对应的国旗，按Ctrl+C组合键执行复制命令，到新文件中按Ctrl+V组合键执行粘贴命令，在合适的位置添加相应的文字，效果如图6-2-19所示。

图6-2-19 供应商国际站店铺的语种站点导航效果

步骤4：商品分类导航优化。按Ctrl+N组合键执行新建文件命令，新建【宽度】为1200像素，【高度】为540像素的画布，并将画布填充为浅灰色（#f8f8f8）。选择工具箱中的【选框工具】，按Shift+Ctrl组合键，以圆心为中心往外拖出一个正圆矩形区域，填充为白色（#ffffff），添加描边效果（#e5e5e5),图层重命名为【圆形剪贴蒙版】，在合适的位置置入"sprots.png"素材，缩放到合适比例，在【圆形剪贴蒙版】图层上方按Alt+鼠标左键创建剪贴蒙版，使用相同的方法创建"outdoor.png""casual.png"两个素材的剪贴蒙版。添加合适的形状和文字，如图6-2-20所示。

图6-2-20　供应商国际站店铺的商品分类导航效果

经验之谈

分类导航优化时要减少买家的思考时间，因此使用国家国旗和商品实物作为导航图标，会比文字导航、卡通图案导航更为直观，可视化程度更高，帮助买家快速抵达所需的分类。

步骤5：商品陈列优化。按Ctrl+N组合键执行新建文件命令，新建【宽度】为1 200像素，【高度】为760像素的画布，并将画布填充为白色（#ffffff）。选择工具箱中的【矩形工具】▢，在选项栏中将【填充】改为无，【描边】改为红色（#f8bf38），【描边宽度】改为1像素，在合适的位置绘制一个矩形框，在合适的位置置入"shoes1.png"-"shoes8.png"素材，在合适的位置添加对应的文字,完成后效果如图3-2-10所示。

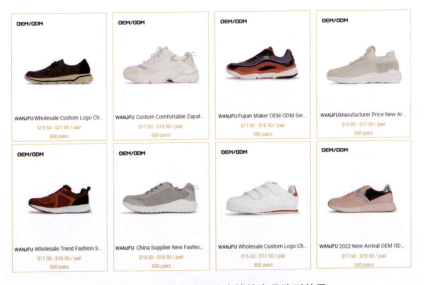

图6-2-21　供应商国际站店铺的商品陈列效果

经验之谈

商品陈列时，选择拍摄角度一致、朝向一致的商品作为封面，会加强页面的秩序感，提升店铺的品牌度，增加买家信任感。在首页装修模块TopPick时也是如此。

步骤6：公司简介优化。金品认证的供应商装修店铺时可拖入【金品360全景】或【3D实景展厅】模块作为公司虚拟Virtual Reality Showroom，可实景还原供应商线下的样品间、样板间、流水线，多元化呈现企业实力和商品细节，让买家远在大洋彼岸也能身临其境看样逛厂，如图6-2-22所示。

图6-2-22　供应商国际站店铺的旺铺装修添加3D实景展厅模块

经验之谈

如果供应商未达到金品诚企认证，可以通过自定义页面加入视频解说、轮播图片等动态效果，增加买家的体验感。

优化后，店铺首页最终效果如图6-2-23所示。

四、应用实操

1.举一反三

"梓辰"童装是一家入驻国际站3年的服装网店，主营商品有套装、贸易、T恤、裙子、贸易等。为了升级整体店铺的品牌影响力，提高跨境卖家询盘和转化率，"梓辰"女装店计划对网店首页进行整体优化与设计。

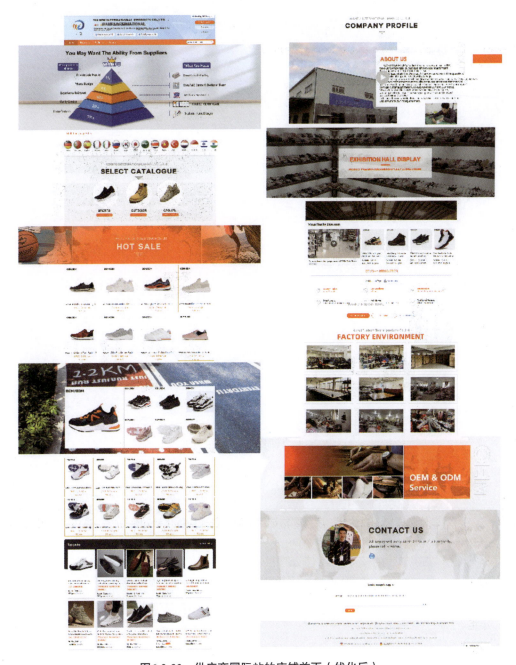

图6-2-23　供应商国际站的店铺首页（优化后）

2.实操要求

①店招优化，更换背景，重新排版，添加品牌互动按钮和关注店铺按钮。

②首焦轮播优化，添加首焦轮播板块，设计1~2个体现供应商实力的海报进行轮播。

③导航优化，更换多语言导航图标和商品分类导航图标。

④商品陈列优化，更换同一类型的商品主图作为封面。

⑤公司介绍优化，添加360全景模块或者设计公司介绍视频的自定义内容。

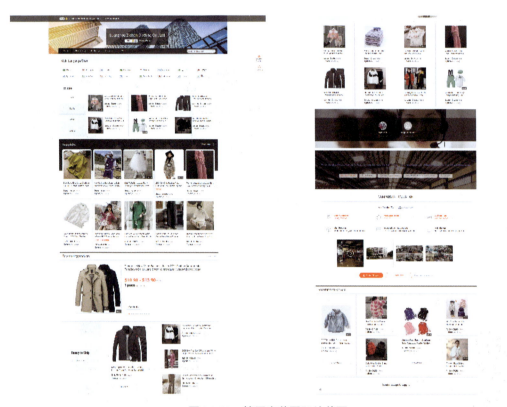

图6-2-24　梓辰童装国际站首页

五、任务评价

	装修各模块逻辑性好	店铺素材选用得当	各模块优化针对性强	整体完成度高
读者自评	□优秀	□优秀	□优秀	□优秀
	□良好	□良好	□良好	□良好
	□合格	□合格	□合格	□合格
小组评价	□优秀	□优秀	□优秀	□优秀
	□良好	□良好	□良好	□良好
	□合格	□合格	□合格	□合格
教师评价	□优秀	□优秀	□优秀	□优秀
	□良好	□良好	□良好	□良好
	□合格	□合格	□合格	□合格
企业评价	□优秀	□优秀	□优秀	□优秀
	□良好	□良好	□良好	□良好
	□合格	□合格	□合格	□合格

任务三　亚马逊视觉营销设计

一、情境导入

今天陈宇光来到亚马逊项目部，项目部李经理介绍道：得益于本土美妆供应链体系越来越成熟，中国式审美日益得到认可，加上"Z时代"崛起，文化自信提升、国货认同度提高等多方因素，国内完美日记、橘朵、珂拉琪colorkey、ZEESEA滋色、花知晓等新锐品牌陆续踏上出海征途。陈宇光今天的任务是将国内美妆品牌"Luxe"口红商品Listing进行排版优化，制作成高转化率的A+页面。

二、知识解析

（一）亚马逊平台概述

亚马逊平台是美国最大的网络电子商务公司，也是全球商品品种最多的网上零售商和全球第二大互联网企业，为客户提供了数百万的全新、翻新和二手商品。2015年，亚马逊全球开店业务进入中国，目前亚马逊美国、加拿大、墨西哥、英国、法国、德国、意大利、西班牙、荷兰、瑞典、比利时、日本、新加坡、澳大利亚、印度、阿联酋、沙特和波兰等18个海外站点已面向中国卖家开放，吸引数十万中国卖家入驻。

亚马逊平台一直以来重产品轻店铺，平台上每件商品只有一个商品详情页页面（Listing），搜索时每个产品只会出现一次，搜索结果清晰明了。如果多个卖家销售同一款产品，不同卖家的报价会在同一个Listing上显示，被誉为商品成交的第一战场。

（二）亚马逊视觉营销设计规范

亚马逊站点首页展示包括搜索关键词、分类节点、商品主图、标题、品牌推广广告、商品推广黄金展位、优惠券/促销，其中与内部流量直接相关的要素有关键词搜索、分类节点搜索、标题和主图，这也是亚马逊平台视觉营销的重点，如图6-3-1所示。亚马逊商品详情页面(Listing)是展示产品所有信息的独立商品页面，如图6-3-2所示。

从要素分布来看，Listing一般包含分类节点、搜索关键字、标题、商品描述、商品要点、图片、A+页面等7个要素，如图6-3-3所示。

官方平台提供了完整度打分表来帮助卖家评估Listing是否具备了吸引流量并且可能提升转化的要素。

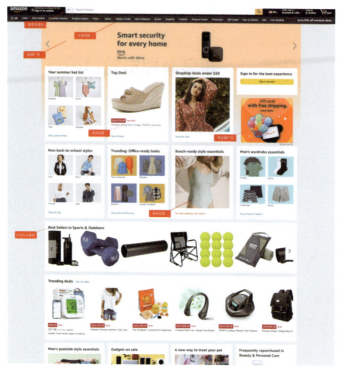

图6-3-1　亚马逊美洲站站点首页展示

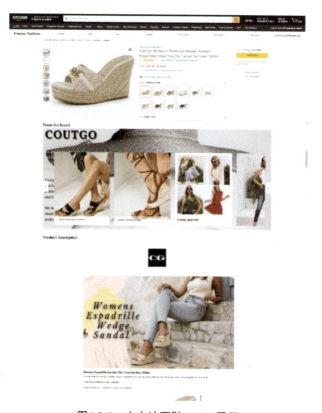

图6-3-2　女士坡跟鞋Listing展示

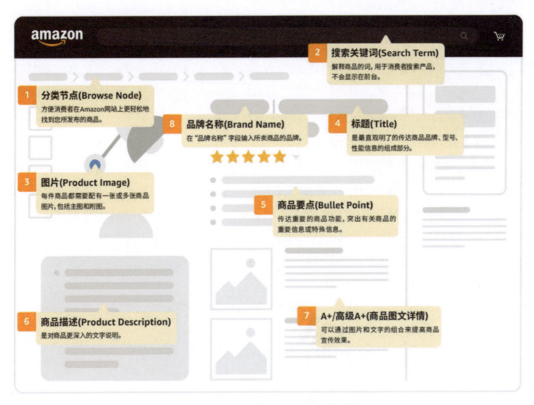

图6-3-3　亚马逊商品Listing页面概念图

分类	Listing 要素	家具生活用品	时尚	消费电子品	消费品
流量	有分类叶节点	10	10	20	10
	有搜索关键字	5	5	10	5
转化	有 A+ 页面	12.5	12.5	10	12.5
	有品牌名称	5	5	0	5
	有商品描述	5	5	10	5
	有 1 条商品要点	5	5	0	5
	有 3 条以上商品要点	2.5	2.5	0	2.5
	选填属性全部	25	25	25	25
标题	10 字符 < 标题长度 < 200 字符	5	5	5	5
	标题以品牌名开头	5	5	0	5
图片	图片合规	5	5	5	5
	有 4 张或以上图片	5	5	5	5
	主图高清版本并支持缩放	10	10	10	10

说明：

80~100分：ASIN具有所有核心属性；

70~79分：ASIN缺少某一个核心属性，有改善空间；

60~69分：ASIN缺少1~2个核心属性，有改善空间；

50~59分：缺乏3~4个核心属性，需要改善；

1~49分：缺乏4~5个核心属性，曝光转化会受到严重影响，急需改善；

0分：创建了ASIN但存在合规问题，或缺失所有要素，在搜索和浏览界面被禁止显示。

建议卖家以80分为自我诊断和基础优化的标准。[1]

（三）亚马逊Listing图片设计原则

亚马逊的标准Listing图片一般呈现1张主图6张辅图，如果是品牌卖家，可以再上传视频作为辅图。不同商品类目亚马逊有不同的主图要求，如鞋靴主图片应采用单只鞋靴，呈45度角朝向左侧，如图6-3-3所示。女装和男装主图片应采用模特照，如图6-3-4所示。所有儿童和婴儿服装图片均应采用平放拍摄照。

图6-3-4　亚马逊某运动鞋的Listing展示（1张主图+6张辅图）

图6-3-5　亚马逊某女装休闲裤的Listing展示（1张主图+4张辅图+2段视频）

亚马逊Listing图片的设计原则是：

①主图需采用纯白色背景，必须是实际商品的专业照片（不得是图形、插图、实物模型）。

②主图需单一正面角度展示商品本身，不得展示不出售的配件或者标志/水印/色

———————
①亚马逊网站。

块/文字等，商品应占据主图85%以上。

③图片的最长边不应低于1 600像素，满足此最小尺寸要求可在网站上实现缩放功能。图片最长边不得超过10 000像素。

④接受Jpeg、Tiff或Gif文件格式，但首选Jpeg（不支持.gif格式的动图）。

⑤辅图可以添加文字水印等说明，可以是使用示意图、商品质量说明、产品细节、尺寸标示、使用场景或者视频辅助。

具体效果如图6-3-6所示。

图6-3-6　亚马逊某存储箱热卖商品Listing展示

经验之谈

亚马逊对主图的审核很严格，设计时一定要符合以上设计原则。主图对于Listing的权重有一定影响，不要频繁更改主图。

（四）亚马逊A+页面的设计原则

亚马逊A+页面是亚马逊提供给品牌备案的卖家创建的图文版商品详情页面。在Listing要素中A+页面通过添加文字和图片的详细信息，不但能增加买家对产品的了解，增加购买欲望，减少差评和退货，丰富产品信息和品牌故事，也能促进买家的多次购买，提升产品的转化率，是品牌展示形象和产品的重要阵地。每年完成15个A+页面的品牌卖家还可以获得高级A+功能，可以使用更多模块和更大尺寸的图片，区别如图6-3-7所示：

A+页面类型	文本和图片	尺寸	对比表模块	模块数/详情页	可选模块总数	视频模块	热点模块	导航轮播模块	问答模块
基础A+	✓	970×300	✓	5	14				
高级A+	✓	1464×600	✓	7	19	✓	✓	✓	✓

图6-3-7 亚马逊平台基础A+和高级A+模块对比图

高转化率的亚马逊A+页面设计原则有：

①图片质量：优质的商品图片能激发买家的想象，促使购买卖家的产品，所以确保每一张A+图像的高清质量也是Listing的重要一步。

②版面布局：舒适的版面布局必须依赖于版型的选择以及运营商在设计上的诸多思考，运用文字与图画的相互穿插，既突出了A+页面的设计，又能在画面呈现后用语言的魅力进一步强化卖点。

③运用色彩：色彩与布局的组合往往能加深买家的购物欲望，善于利用一些本地买家所喜爱的色彩，如美国买家喜欢黄、蓝、粉等进行市场营销，同时避免某些地方宗教色彩，能在销售产品上事半功倍。

④善于使用情景：场景是一种非常有效的烘托气氛方法，卖家的场景定位决定了卖家的买家代入感和买家精确度，即使是在总体构图并不很好的情况下，也能很好地吸引买家。因此，这一部分肯定不能草率处理，每个场景和场景中的角色都要服务于卖家的产品。

⑤统一设计：一种混乱的版式不但不能给买家带来积极的反馈，反而很容易给人留下坏印象。而且统一的设计也不仅仅是说A+版块的统一设计，更多的是指整个页面设计上的统一，通过Logo设计、文字排版、绘制图形、场景及产品角度等，给买家以和谐感，不管是小清新还是大气简单的风格都能一目了然。

⑥突出细节：对于某些比较简单的产品来说，细节其实越难突出，但它越重要，虽然亚马逊官方对A+页面不允许引用对比，但卖家肯定会更加关注买家的想法，所以还是比较建议利用一些参考资料或是技巧来突出细节。

⑦品牌故事：植入的品牌故事和产品概念是一种价值的塑造，虽然这种价值并非一瞬间就能获利，但如果能让买家有一点想法的话，那么之后的营销费用和维护买家所需的精力和成本就会大大减少，即好的品牌故事也能极大地提升产品本身的价值。

经验之谈

在服装类中，A+页面除了使用真实模特外，增加商品使用场景（图6-3-8左图女装）和买家秀（图6-3-8右图男装）能有效提高买家信任度，加速转化。

图6-3-8 基础A+详情页和高级A+详情页的对比图

三、任务实施

接受部门任务后，陈宇光开始浏览分析美妆品牌"Luxe"在亚马逊美洲站平台的口红商品A+页面，他发现这款口红外观上采用了中国风祥云和浮雕元素，在功能上持久上妆、防水、不沾杯，在材质上具有高色彩、细腻光滑等特点，但是在现有基础A+页面中采用大量文字描述，缺少配图和视频介绍（图6-3-9），不利于买家了解商品卖点，因此他准备对这个页面进行排版优化。

Product Description

1. 【Matte Rouge Finish.】Luxe's high-pigmented lipstick formula delivers a flawless matte finish in super-saturated shades that will make your lips pop.

2. 【Long-Lasting & Waterproof】Our lipstick is smudge-proof and long-lasting, so you can wear it all day without worrying about touch-ups. It's also waterproof, so you can wear it in any weather.

3. 【Moisturizing & Satin Smooth】Our lipstick is infused with Jojoba oil, Vitamin E, Olive oil, and natural botanic ingredients to nourish and moisturize your lips. It goes on smoothly and leaves your lips feeling satin smooth.

4. 【Unique Relief Sculpture Design】The china-style outer case of this lipstick is inspired by Chinese Traditional Paintings, and the lipstick paste is carved by miniature and relief sculpture crafts to promote the aesthetics of the Chinese intangible cultural heritage to the world. The beautiful unique design and retro style make it more elegant and mysterious.

5. 【Perfect Gift】Our lipstick is suitable for personal use, but it also makes a perfect birthday day gift for your wife, girlfriend, or mom. It's also a great gift for Valentine's Day and Mother's Day.

Product details

Package Dimensions : 7.01 x 5.04 x 0.94 inches; 4.97 Ounces

UPC : 713721457342

Manufacturer : Ownest

ASIN : B07TQSJ1Y4

Best Sellers Rank: #63,877 in Beauty & Personal Care (See Top 100 in Beauty & Personal Care)
#550 in Lipstick

Customer Reviews:

4.1 ★★★★☆ ˅   862 ratings

Videos

Help others learn more about this product by uploading a video!

Upload your video

图6-3-9　口红商品的listing页面优化前

步骤1：首屏海报设计。按Ctrl+N组合键执行新建文件命令，新建【宽度】为970像素，【高度】为600像素的画布，并将画布填充为白色（#ffffff）。按Alt+F+L组合键执行置入嵌入对象命令，在合适的位置置入"海报背景.jpg""口红管体1.png"-"口红管体3.png"素材，在合适的位置添加相应的卖点相关文字，效果如图6-3-10所示。也可以在素材网中寻找比较合适的丝绸背景图，置入"口红膏体1.png""口红膏体2.png"素材，在合适的位置添加相应的文字，效果如图6-3-11所示。

图6-3-10　口红商品首屏海报1效果图

图6-3-11　口红商品首屏海报2效果图

经验之谈

本商品素材为CINEMA 4D（简称C4D）渲染而成，非实拍图。目前C4D在电子商务行业已被广泛用于质感要求较高的美妆、珠宝等产品的建模渲染，平面海报banner、光影立体背景制作等场合。

步骤2：卖点可视化。进入亚马逊卖家后台，在"A+商品描述页面"选择一个上图下文的模板，依次插入"卖点1.png"-"卖点6.png"素材，在图片下方添加相应的文字，以便亚马逊平台在搜索时能够检索到文字内容，增加商品被搜索到的概率。效果如图6-3-12所示。

图6-3-12　口红商品卖点可视化效果

步骤3：上传关联视频。亚马逊买家（非卖家）可以通过页面按钮"Upload your video"上传关联视频，它一般出现在亚马逊产品页面细节描述的下方，通过App端设备浏览时会先看到视频再看到评论。关联视频一般表现为开箱视频、产品细节讲解、适用场景展示、穿戴效果等，每个Listing最多展示10个视频。效果如图6-3-13所示。

图6-3-13　口红商品Listing视频展示效果

优化后，A+页面整体效果如图6-3-14所示，完成后在亚马逊卖家后台提交A+页面，一般审核最多需要7个工作日。

图6-3-14　口红商品A+ Listing页面效果

卖家可以通过A+商品描述主页查看状态，如果A+状态为"未获得批准"，可以单击A+页面商品描述对应的"编辑"按钮来查看拒绝原因并进行修改。A+获得批准后，最多需要24小时才能发布到已引用ASIN（亚马逊商品一个特殊的编码标识，商品编号的别称）的详情页上。

经验之谈

A+页面并不是提交就能通过审核的，被拒的原因一般有两点：①图片分辨率太低、出现水印、没有显示公司的Logo或者图片有重复，也可能是图片中显示公司联系方式或网址。②文字表述时给出公司联系方式，或者出现排他性文字如："only sold by authorized resellers"；价格歧视性文字，如"cheapest on Amazon"；写出发货信息如："Free shipping"；写出煽动性促销语，如"Best Seller"。

四、应用实操

1.举一反三

"平旭"饰品是专注于仿真饰品的中国品牌，该公司是集设计、生产、零售、批发、网店、出口贸易为一体的企业。产品底材为铜合金等金属，表层镀金、镀铑或镀钯，辅助材料以人工宝石为主。为了丰富详情页呈现效果，"平旭"计划升级产品为高级A+页面，请对以下商品Listing页面进行整体优化与设计，如图6-3-15所示。

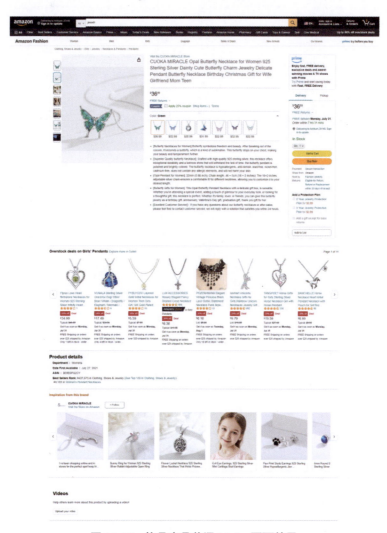

图6-3-15　饰品商品普通 Listing页面效果

2.实操要求

①海报优化。整理商品素材，下载合适的光影立体背景图，制作海报。

②卖点可视化。针对商品描述文本信息，下载合适的图例，结合文字制作卖点列表。

③文本优化。为A+页面添加合适的商品文本描述，注意不要出现违规表达。

五、任务评价

	海报设计美观	卖点与图示对应准确	文本表述准确	整体完成度高
读者自评	□优秀	□优秀	□优秀	□优秀
	□良好	□良好	□良好	□良好
	□合格	□合格	□合格	□合格
小组评价	□优秀	□优秀	□优秀	□优秀
	□良好	□良好	□良好	□良好
	□合格	□合格	□合格	□合格
教师评价	□优秀	□优秀	□优秀	□优秀
	□良好	□良好	□良好	□良好
	□合格	□合格	□合格	□合格
企业评价	□优秀	□优秀	□优秀	□优秀
	□良好	□良好	□良好	□良好
	□合格	□合格	□合格	□合格

任务四　TikTok视觉营销设计

一、情境导入

不知不觉间，陈宇光已经工作一个月了。随着国内直播短视频的火爆发展，国外短视频直播带货也逐渐成为风口。为了顺应时代变化，公司新成立了TikTok项目部，陈宇光主动申请加入这个部门。刚接触TikTok这个项目，对于别人来说可能有点迷茫，但是作为熟知跨境电商营销规律的陈宇光很有信心。陈宇光的任务是为国内非遗工艺植物染服饰公司——尚染服饰公司制订一份TikTok视觉营销方案。

二、知识解析

（一）跨境短视频平台概况

短视频在跨境电商营销中心地位越来越凸显，海外短视频主流平台主要有：

1.TikTok（抖音国际版）

TikTok是一款由中国字节跳动公司开发的短视频社交媒体平台。它允许用户创建、共享和发现15~60秒的短视频内容。TikTok于2016年首次在中国发布，已覆盖150多个国家和地区、75个语种。凭借其强大的算法技术和智能推荐系统，TikTok能够根据用户的喜好和行为习惯为他们提供个性化的内容推荐。这使得用户更容易发现感兴趣的内容，并且使TikTok成为流行文化传播的重要渠道之一。

TikTok拥有强大的视频编辑工具CapCut，使用户能够创建独特而有创意的内容。用户可以在视频上添加音乐、滤镜、贴纸和特效，以增加趣味性和吸引力。此外，用户可以通过点赞、评论、分享和参与各种挑战活动来与其他用户互动，这促进了平台的社交氛围和用户留存率。根据最新数据，TikTok已经有超过30亿次的全球下载量，并拥有数十亿的月活跃用户。这使得TikTok成为全球最受欢迎的社交媒体平台之一。

2.Youtube

全球视频之王YouTube推出了YouTube Shorts短视频服务，从本质上说Youtube Shorts是Google版的TikTok，它允许用户通过拍摄、编辑和分享短时长视频来展示自己的创造才华。YouTube Shorts的视频时长通常在15秒以内，可以使用丰富的创意工具和音乐库来制作内容。与TikTok类似，YouTube Shorts也采用了垂直方向的视频格式，适应了用户移动设备上的观看习惯。用户可以快速滑动浏览不同的短视频，或者通过关键词搜索、推荐算法等方式发现感兴趣的内容。除了独立的YouTube Shorts应用程序，YouTube还在其主要应用程序中增加了一个专门的Shorts选项卡，使用户可以更便捷地访问和浏览短视频内容，如图6-4-4所示。

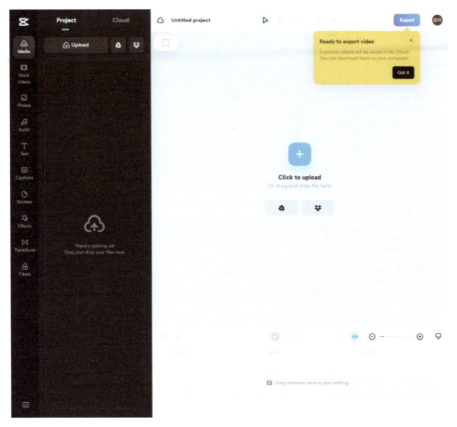

图6-4-1　TikTok剪辑工具CapCut在线界面

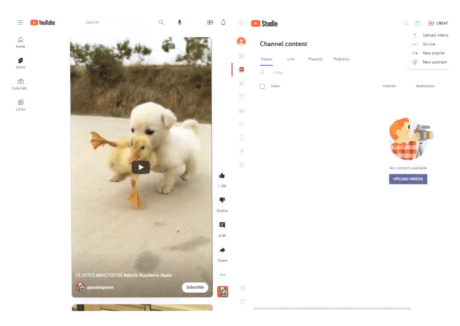

图6-4-2　YouTube Shorts入口和上传界面

3.Amazon

视频营销一直是亚马逊推广的重要组成部分，其中包括主图短视频、详情页关联视频、QA短视频、视频Review和站外视频推广等。其中Amazon Sponsored Brands视频广告是亚马逊品牌推广的一种形式，允许品牌在亚马逊平台上展示30秒以内的自定义视频广告。这些广告通常会在搜索结果页面或产品详情页上显示，帮助品牌吸引用户关注并增加曝光度。Amazon Live是一项直播服务，品牌和卖家可以通过Amazon Live平台进行直播产品演示、推介和解说。直播内容可以包括商品介绍、折扣信息、使用演示等。这种短视频直播能够增加用户参与，提高品牌知名度，并促进销售。此外，亚马逊积极宣传其在Prime Video平台上的原创电视剧和电影。他们会进行广告推广活动，如发布预告片、制作海报、举办媒体发布会等，以吸引用户关注并提高观看率。

图6-4-3　Amazon视觉营销的三种方式

（二）跨境短视频营销特点

随着国际版抖音TikTok、YouTube Shorts以及亚马逊Prime Video迅猛发展，跨境短视频行业迎来了蓬勃发展时期，其营销优势相比于传统的广告营销也变得突出。其营销特点有：

1.简洁直观

短视频以其短小精悍的特点，能够迅速传递信息和吸引用户注意力。通过简短的时间内呈现产品或品牌的关键信息，有效提高用户的接受度和记忆效果。如图6-4-4在TikTok平台上的北京文旅账号，视频平均时长为2分钟左右，可以快速传递北京著名的各类文旅信息。

2.创意互动

短视频平台通常提供了多样的特效、滤镜和编辑工具，使得创作者可以通过独特的视觉效果和精彩的剪辑来吸引用户。同时，互动元素如评论、分享、点赞等功能也能促进用户与内容的互动。

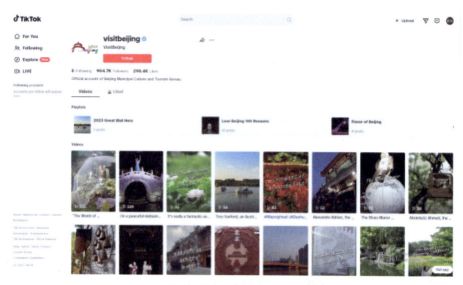

图6-4-4 TikTok平台的北京文旅

3.快速传播

短视频平台上的内容往往具有强大的传播性，通过用户自发的分享和转发，消息可以在短时间内迅速扩散。这为品牌或产品的推广提供了机会，能够迅速吸引更多用户的关注和参与。

4.跨越语言和文化障碍

短视频具有语言简单明了、视觉效果强烈的特点，这使得它能够跨越语言和文化的限制，吸引不同国家和地区的用户。这对于跨境市场的营销非常有利。如图6-4-5所示，在YouTube平台上的李子柒，采用独特的叙事风格，通过镜头语言和视觉叙事来传递信息。这种简洁而直接的方式使得她的视频能够跨越语言和文化障碍，触动观众的心灵。

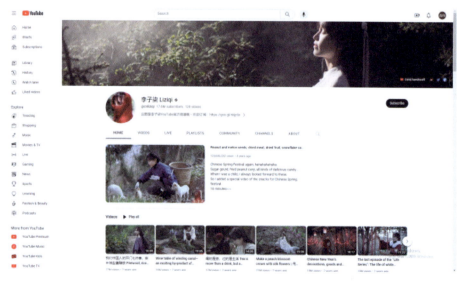

图6-4-5 YouTube平台的李子柒

5.强调情感共鸣

短视频往往通过引发用户情感共鸣来达到更深层次的传播效果。通过讲述故事、塑造形象等方式，能够引发用户的情感共鸣和共享体验，提升用户对品牌或产品的关注度和忠诚度。

6.数据驱动决策

短视频平台通常提供了丰富的数据分析工具，能够帮助营销人员了解用户行为和偏好。这使得营销人员能够根据数据的反馈进行精确的目标定位、内容优化和广告投放，提高营销效果。

（三）TikTok视觉营销要点

TikTok在电子商务运营过程中，主要通过短视频引流和直播带货的方式拉动兴趣电商，利用强大的智能推荐系统实现"货"找"人"，而在视觉营销过程中需要注意以下几个要点：

1.创意精彩

在TikTok上，创意和视觉效果非常重要。企业短视频应该通过吸引人的视频内容、引人注目的图像和动画效果来吸引用户的注意力。可以利用TikTok的丰富滤镜、特效和编辑工具，以及创意的故事性表达方式，让跨境短视频更加生动有趣。

2.快节奏的视频

TikTok的短视频时长限制为15~60秒，这要求企业在有限的时间内传递出精确、简洁而有吸引力的信息。快节奏、充满活力的视频可以吸引用户的眼球并让他们保持兴趣。

3.引人入胜的缩略图

在用户浏览TikTok时，缩略图是他们决定是否点击观看视频的关键因素之一。所以，需要设计吸引人的缩略图，通过主题、色彩和视觉元素来激发用户的好奇心。

4.与用户互动

TikTok的社交特性使品牌能够与用户进行直接互动。通过使用挑战、标签和互动式投票等功能，企业可以鼓励用户参与并与他们建立联系。在视觉营销中，可以设计与用户互动的创意视频，例如用户生成的内容、评论回复等，以增加用户参与度和品牌认知度。

5.利用明星或达人

TikTok上有很多受欢迎的明星和达人，他们拥有庞大的粉丝群体。通过与他们合作，企业可以借助他们的影响力和受众基础，扩大品牌的曝光度和影响力。

6.数据分析和优化

TikTok提供了广告数据分析工具，企业可以利用这些数据来评估广告效果，并进行调整和优化。通过监测指标如观看量、互动率和转化率等，企业可以了解其广告的表现，并根据数据做出相应的改进。

经验之谈

国内一些数据分析公司可以提供TikTok的数据监测和分析服务，比如考拉数据、冰山数据、神策数据和嘀嗒狗，其中嘀嗒狗平台可以实现看跨境短视频市场调研与竞品分析、短视频带货与达人分销、广告投放管理和店铺管理等功能。

三、任务实施

接受部门任务后，陈宇光开始分析服饰品牌"尚染"在国内新媒体平台如小红书、抖音、微博公众号、微信视频号等账号，他发现尚染服饰已经在国内新媒体平台上搭建了传播中国非遗文化和现代植物染服饰时尚美的宣传矩阵，如今要在海外市场新开一个直播短视频运营账号，他设计好了以下营销方案：

步骤1：账号资料设置。注册好TikTok账号后，编辑品牌名称、品牌Logo、品牌简介、其他社交媒体账号信息到个人主页中，如图6-4-6所示。

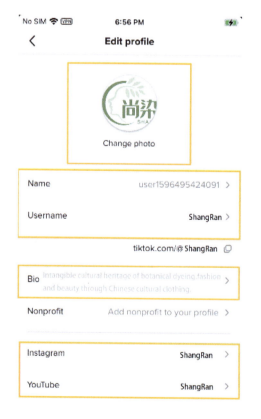

图6-4-6　Tiktok个人主页信息设置

步骤2：培育账号标签。新账号注册后，不可直接发布视频。可以先将默认推荐内容刷完后通过搜索"dyeing dress""Chinese Clothes"等关键字查找相关视频进行浏览，同时要有关注、点赞、评论、转发的操作，如图6-4-7所示。

图6-4-7　TikTok平台视频点赞、评论与转发界面

经验之谈

注册账号后需要养号。TikTok算法推荐系统会根据用户账号的行为贴上相应的标签，再根据标签推荐类似的内容和精准粉丝。因此TikTok账号运营前期要做好账户标签培育工作。

步骤3：制作产品创意短视频。根据尚染服饰已有的短视频，结合海外市场的人群特点制作一系列创意短视频，展示尚染植物染服装的美感和多样性。注意在海外市场推广短视频需要避免使用的背景音乐、字幕说明、主题概念、特效或动画在跨境文化中的冲突。为产品短视频制作风格统一、带有品牌元素的视频缩略图，如图6-4-8所示。

图6-4-8　风格统一的短视频视频缩略图

步骤4：打造用户参与活动。利用TikTok平台的互动特性，设计与非遗植物染文化相关的挑战或活动。例如，邀请用户拍摄穿着尚染服饰的视频，分享他们对植物染的理解或故事，以吸引用户参与和传播。通过标题、字幕、箭头、评论，引导用户看到最后或者引发互动，添加文末提示：Follow For More等。也可以去对标账号评论互动，引导粉丝关注。

步骤5：合作跨界达人。与TikTok上的潮流达人或有影响力的用户合作，邀请他们穿着尚染服饰并制作推广视频。借助他们的影响力和粉丝基础，扩大品牌曝光度和认知度。

步骤6：创作植物染工艺短视频。利用TikTok短视频的特点，制作关于非遗植物染工艺制作的教程视频，分享染色技巧、扎染DIY方法等。这样能吸引对手工艺感兴趣的用户，并提高品牌在目标受众中的专业形象。

步骤7：定期更新内容。保持定期更新内容，发布具有时效性的视频，如季节性推荐、搭配建议、新品发布等。同时也可以制作一些花絮视频，展示尚染服饰的生产过程和工艺特点。

步骤8：关注数据分析。根据TikTok平台提供的数据分析工具，监测视频观看量、转化率、完播率、互动情况和用户反馈，了解观看和互动视频的用户群体特征，如年龄、地理位置、性别等。这些信息有助于更好地了解目标受众，并根据其兴趣和偏好进行定向营销。根据数据调整策略，优化视觉营销效果。

经验之谈

账号运营中经常使用到A/B测试：也就是说尝试不同的视频风格、创意概念或标题，进行A/B测试来比较不同版本的视频在观看量、互动情况和转化率方面的差异。根据数据结果，选择表现更好的版本，并借鉴成功元素进行后续的视觉营销策略。

四、应用实操

1.举一反三

抖音账号"伴我同行"致力于向观众展示中国国内各地的美景和旅游目的地，通过提供有用的旅行攻略和精心剪辑的视频带领观众感受不同地方的风土人情。为了推广中国丰富的文旅资源和风俗文化，他们委托公司制订一份Tiktok平台的视觉营销方案。

2.实操要求

①账号资料设置。设置TikTok主页的头像、用户名、简介等信息。

②培育账号标签。设置合理的关键词，通过滴答狗查找相关视频，分析对标账号。

③制作产品创意短视频。为已有短视频制作风格统一的短视频缩略图。

④打造用户参与活动。通过滴答狗查找合适的活动标签。

⑤关注数据分析。通过滴答狗分析账号后台信息。

五、任务评价

	账号资料完备	短视频缩略图美观统一	滴答狗使用合理	整体方案完成度高
读者自评	□优秀	□优秀	□优秀	□优秀
	□良好	□良好	□良好	□良好
	□合格	□合格	□合格	□合格
小组评价	□优秀	□优秀	□优秀	□优秀
	□良好	□良好	□良好	□良好
	□合格	□合格	□合格	□合格
教师评价	□优秀	□优秀	□优秀	□优秀
	□良好	□良好	□良好	□良好
	□合格	□合格	□合格	□合格
企业评价	□优秀	□优秀	□优秀	□优秀
	□良好	□良好	□良好	□良好
	□合格	□合格	□合格	□合格

【案例拓展】

图6-4-9　阿里巴巴国际站店铺首页

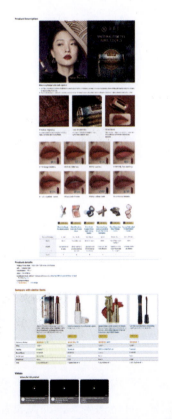

图6-4-10　花西子同心锁口红Listing页面

图6-4-9是一家以彩妆生产为主的供应商在阿里巴巴国际站的店铺首页，图6-4-10所示为花西子同心锁口红Listing页面。其视觉设计亮点有：

①在图片的选择上，彩妆类产品对不同肤色的使用要求较高，因此在素材选择时往往会选择不同肤色、不同妆容风格的模特，让顾客更好地理解产品的适用性和效果。同时选择高质量、清晰的产品展示图片如彩妆产品的外观、质地、颜色等细节，真实还原产品的特点。

②在结构布局上，阿里巴巴店铺首页中应用了新版店招和形象化的分类导航外，整页结构逻辑符合买家心理：先是商品推荐和商品分类浏览，其次是品牌实力和客服联系方式，其中品牌实力部分占用了近一半的篇幅用于提升买家信任感。在亚马逊Listing页面中提供了产品特写、模特使用效果等多角度图片来展示使用效果从而驱动买家消费。

③在素材的运用上，视频应用比例升高。如店铺首页加入了商品陈列和品牌实力展示的视频，Listing页面下方上传了产品的使用演示视频。

在海外短视频平台应用上，花西子品牌巧用社媒平台，通过各种创意形式与潜在消费者进行对话和互动，让消费者对花西子以及中国传统文化更感兴趣。花西子已经开通了众多海外主流社交媒体账号，其官方TikTok号已突破120万粉丝，Instagram号已突破30万粉丝。考虑到消费者的习惯，除了英文之外，花西子也在运营日文的Twitter和Instagram账号。

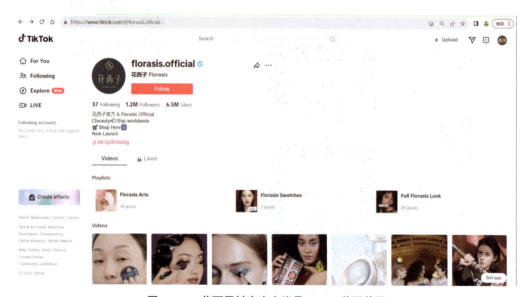

图6-4-11　花西子抖音官方账号Florasis首页截图

在视频内容创作上，花西子几乎每款产品的背后都有一个文化母体，像同心锁、并蒂莲、百鸟朝凤等，都代表着古时人们对美好感情与生活的期许。民族美就是世界美，因此花西子便想到将这些东方文化元素传递出去，在扩大品牌影响力的同时传播中国传统文化。

　　比如，在一个介绍眉笔产品的视频里，花西子将张敞画眉的古代故事通过中国风动画演绎出来；在印有鹊桥相会雕花的口红图样下方，花西子为粉丝们讲述了牛郎织女鹊桥相会的爱情故事；在并蒂同心妆匣图片配文里，花西子呈现出古人陌上花开的东方情愫。

　　随着我国美妆行业持续发展，以及跨境电商利好政策的实施，如轩窗型盒体、同心锁口红、鼻烟壶粉底液器型等国产美妆产品将中式妆容、中国美学一并带"出海"，既满足了海外消费者的美妆需求，又传播了中国传统文化。类似花西子、花知晓、完美日记等国货品牌迅速在全球市场崭露头角，打破了大众对于"美妆市场被国外大牌长期占据"的固有认知，充分展示了中国国货品牌出海的实力。

图6-4-12　TikTok官方账号中系列短视频采用统一的中国风封面

●【小组讨论】

　　请以小组为单位，在敦煌网（跨境B2B）平台上搜索数码3C产品的店铺首页，分析其首页中配色、布局和功能的特点和不足。

　　请以小组为单位，在全球速卖通（跨境C2C）平台上搜索护肤类产品的详情页，分析商品详情页在店招、分类导航、商品描述等方面的优点和不足。

●【项目小结】

　　本项目通过校企合作项目——智艺跨境电商代运营，完整讲述了跨境电商平台中阿里巴巴国际站、亚马逊、TikTok短视频平台的视觉营销设计规范和优化过程，贯穿对不同跨境电商平台的受众群体偏好设计，引导读者了解平台视觉营销设计目标，树立民族产品推广到海外市场的信心，提高中国品牌出海的自豪感。另外通过4个应用实操评价和案例拓展分析，提高读者对跨境电子商务视觉设计举一反三的知识迁移能力。

●【课后练习】

一、单选题

1.分属不同关境的交易主体，通过电子商务平台达成交易，进行支付结算，并通过跨境物流送达商品完成交易的一种国际商业活动，被称为（　　）。

A.农村电商　　　　B.跨境电子商务　　　　C.生鲜电商　　　　D.电子商务

2.中国最大的跨境零售电商平台是（　　）。

A.速卖通　　　　B.Wish　　　　C.亚马逊　　　　D.阿里巴巴

3.亚马逊的标准Listing图片一般呈现（　　）张主图（　　）张辅图。

A.1，6　　　　B.2，4　　　　C.1，7　　　　D.2，5

4.A+获得批准后最多需要（　　）小时才能发布到已引用ASIN（亚马逊商品一个特殊的编码标识，商品编号的别称）的详情页上。

A.4　　　　B.12　　　　C.24　　　　D.48

5.（　　）是由中国字节跳动公司开发的短视频社交媒体平台。

A.YouTube　　　　B.Amazon　　　　C.TikTok　　　　D.Alibaba

6.（　　）是一种可视化的视觉体验，主要利用色彩、图像、文字等造成的冲击力吸引客户的关注，达到产品营销或品牌推广的目的。

A.视觉营销　　　　B.网络营销　　　　C.广告营销　　　　D.微营销

7.在亚马逊中，下面Listing的组成要素中不包括（　　）。

A.分类节点　　　　B.标题　　　　C.商品描述　　　　D.商品视频

8.在阿里巴巴中，以下属于阿里巴巴节日促销活动的是（　　）。

A.圣诞节　　　　B.双十一　　　　C.星期五　　　　D.万圣节

9.每年完成(　　)个A+页面的品牌卖家还可以获得高级A+功能，可以使用更多模块和更大尺寸的图片。

A.10　　　　B.15　　　　C.20　　　　D.25

10.欧洲国家中，(　　)是欧洲最大的电商市场，也是欧洲最大的时尚市场。

A.英国　　　　B.俄罗斯　　　　C.西班牙　　　　D.波兰

二、多选题

1.跨境电商的特征包括（　　）。

A.匿名性　　　　B.全球性　　　　C.即时性　　　　D.无形性

2.跨境电商按交易类型分为（　　）和（　　）模式。

A.B2B　　　　B.C2C　　　　C.B2C　　　　D.O2O

3.高转化率的亚马逊A+页面设计原则有（　　）。

A.高清图片质量　　B.舒适的版面布局　　　C.好的品牌故事　　　D.单一的细节

4.阿里巴巴国际站商品图设计要点是（　　　）。

A.按主题分类　　　B.功能清晰明了　　　C.突出产品特性　　　D.高质量素材

5.跨境短视频营销特点（　　　）。

A.简洁直观　　　　　　　　　　　　B.创意互动

C.跨越语言和文化障碍　　　　　　　D.强调情感共鸣

习题答案

参考文献

［1］ 童海君,蔡颖. 电子商务视觉设计: 慕课版[M]. 北京: 人民邮电出版社, 2022.

［2］ 文胜伟,宋巍, 陈永遥. 新媒体视觉营销: 视频指导版[M]. 北京: 人民邮电出版社, 2020.

［3］ 吴浩, 陈晓燕. Photoshop网店美工实战[M]. 广州: 广东高等教育出版社, 2020.

［4］ "跨境电商B2B数据运营"1 X职业技能等级证书配套教材编委会. 跨境电商视觉设计与营销[M]. 北京: 电子工业出版社，2021.

［5］ 陈芳, 朱京京. 新媒体视觉营销设计[M]. 北京: 中国人民大学出版社, 2022.